Jürgen Kaufmann/Christoph Kreitmeir/Maximilian Wagner

Ein Quell in unserer Wüste

Wegbegleitung in einem Trauerkreis

Jürgen Kaufmann
Christoph Kreitmeir
Maximilian Wagner

Ein Quell in unserer Wüste

Wegbegleitung in einem Trauerkreis

echter

Wir danken allen, die uns zur Herstellung dieses Buches ermuntert haben, darunter Pater Richard Heßdörfer, Pfarrer von St. Ludwig, Nürnberg, sowie zahlreichen Teilnehmerinnen und Teilnehmern unserer Trauerkreise.
Ein besonderer Dank gilt Pater Cornelius Bohl für seine Verbesserungsvorschläge zu den Trauerkreisrunden.

Die Fotos wurden von Rita Briese eigens für diesen Band aufgenommen.

Die Deutsche Bibliothek – CIP-Einheitsaufnahme

Kaufmann, Jürgen:
Ein Quell in unserer Wüste : Wegbegleitung in einem Trauerkreis / Jürgen Kaufmann/Christoph Kreitmeir/Maximilian Wagner. –
Würzburg : Echter , 2000
ISBN 3-429-02210-X

Umschlag: Uwe Jonath (Foto: Tony Stone Bilderwelten)
Satz: Echter Druck, Würzburg
Druck und Bindung: Clausen & Bosse GmbH, Leck
ISBN 3-429-02210-X

Inhalt

Vorwort

»In meiner Trauer kann mir niemand helfen!« Oder: »Das muß ich allein durchstehen!« – Oft höre ich solche Sätze, wenn Menschen den Tod eines lieben und wichtigen Menschen erfahren müssen und damit mit einem unverschmerzlichen Verlust konfrontiert sind. Diese Einsamkeit hat wohl auch damit etwas zu tun, daß kein anderer so von diesem Tod getroffen ist wie der trauernde Mensch selbst. Manchmal spüre ich auch dahinter: »Meine Trauer kann mir niemand nehmen, darf mir niemand nehmen!« Und doch, fast im Gegensatz dazu, öffnen sich nach einiger Zeit des Gespräches in einer einfühlsamen Begegnung die Schleusen der gezeigten Tränen, der erzählten Erinnerungen und der Hilflosigkeit, wie denn das Leben nun weitergehen solle. Beides also scheint, in all seiner Widersprüchlichkeit, elementar zu sein: das Alleinsein und die Mitteilung, der Rückzug und die Begegnung.
Aber nicht jede Begegnung öffnet für die Mitteilung. Insbesondere gibt es die Schwierigkeit, daß sich die Begegnung meist zwischen Trauernden und nicht unmittelbar Betroffenen ereignet, daß letztere also doch irgendwie nicht mitreden können. Deshalb bewirken viele Begegnungen das Gegenteil. Hier nun setzt dieses Buch mit einem neuen Ansatz an, der sich in der Grundfrage bündelt: Gibt es eine ebenso einfühlsame wie tragfähige Begegnungsart, in der trauernde Menschen *miteinander* ins Gespräch kommen und sich gegenseitig stützen und helfen können? Die ganz naheliegende, aber bislang kaum gefundene Antwort lautet: Ja, wenn sich trauernde Menschen so begegnen, daß sie an die Hand genommen werden, sich in notwendiger Distanz und gewollter Nähe begegnen, sicher geführt von strukturellen Vorgaben und klärenden thematischen Spuren, durch rücksichtsvolle Menschen, die den Trauerkreis behutsam begleiten und so den entsprechenden Umgang miteinander ermöglichen. Dies gibt distanzierende Sicherheit und ermöglicht zugleich Nähe, weil die Beteiligten nicht selbst die ganze Leistung der Begegnung aufbringen müssen, sondern in einem vorgegebenen Begegnungszusammenhang geschützt und getragen sind.
Die sensible Offenheit der hier vorgestellten gemeinsamen Trauerwege zeigt sich auch darin, daß allein die Trauer, nicht etwa eine Konfessions- oder Religionszugehörigkeit die Bedingung für ein solches Teil-Nehmen und Teil-Geben ist. Hilfreich mag es für manche auch sein, daß sich hier nicht nur solche begegnen, die sich nahe stehen, sondern auch ganz Fremde oder solche, die sich nur vom Sehen her kennen. Denn dadurch kann sich im Kreis manches öffnen, was in der eigenen näheren Verwandtschaft und Bekanntschaft nicht so leicht ausgesprochen werden könnte. Offenheit zeigen die Autoren auch in den beanspruchten und besprochenen Bildern und Texten, Gedichten und Gebeten, die aus der ganzen Bandbreite menschlicher Spiritualität kommen, also aus dem tiefen Erfühlen und Erdenken menschlichen Lebens und Leidens im

Horizont einer sich dahinter, darüber oder darunter auftuenden göttlichen Kraft, einer Wirklichkeit, die unendlich mehr ist als wir selbst, die uns deshalb schützt, trägt und letztlich niemals fallen lässt.
Ich kann mir gut vorstellen, daß diese Wege, wie sie hier für Trauerkreise aus bestimmten Erfahrungen heraus vorgelegt wurden, tatsächlich auf viel Interesse gestoßen sind und auch auf viel Interesse stoßen werden: sind sie doch feingliedrig und klärend, freiheitsatmend und Fassung schenkend; in der Erschließung der Symbole und Geschichten tiefgehend und doch einfach bleibend; anschlußfähig für die verschiedenen Traueranteile bei gleichzeitiger Möglichkeit, sich den Vorgaben auch nicht anschließen zu können; gesprächsbereitend, aber auch das Schweigen schützend; in den Vorgaben strukturierend und stützend und zugleich damit Phantasie freisetzend und gestaltend. So wird den trauernden Menschen der Erfahrungsweg geschenkt, ihre oft widersprüchlichen und überbordenden chaotischen Gefühle der Trauer zuzulassen und allmählich in konzentrierende Spuren zu bringen, um sich von daher die Trauer in einer neuen selbst gestalteten und selbst-bewußten Weise anzueignen. Nichts wird hier unterdrückt oder überspielt; die Trauer darf in allen Facetten zum Vorschein kommen. Aber auch: Alle Möglichkeiten erschließen sich hier, die Trauer zusammen mit anderen durchzustehen, Eindrücke und Inhalte zu bündeln und darin jene Botschaften für das eigene Leben zu entdecken, die für die Zukunft weiter bringen und weiter tragen.
Ich wünsche, daß dieses Buch in möglichst viele Hände derer gelangt, die als Seelsorgerinnen und Seelsorger, als Trauerbegleiterinnen und Trauerbegleiter ebenso sensibel und respektvoll, ebenso mittragend und mitführend mit trauernden Menschen umgehen können und wollen, wie die Autoren dieser Wegbegleitungen es eindrucksvoll zum Vorschein bringen. Damit trauernde Menschen in der Wüste ihrer Trauer allmählich und schließlich unübersehbar die Quelle des je tieferen und triftigeren Lebens finden, nicht *darin* Fassung findend, daß sie es fassen können, sondern darin, daß sie von der Dynamik eines neuen Lebens erfaßt werden.

Tübingen, 22. 2. 2000 *Ottmar Fuchs*

Worum es in diesem Buch geht

»Ich muß vier, fünf Jahre alt gewesen sein, als ich meinen ersten Toten gesehen habe. Er wohnte mit meinen Großeltern in einem Mehrfamilienhaus. Ich werde ihn wohl ›Onkel Leo‹ genannt haben, weil ihn alle so nannten – zumindest, wenn sie mit mir über ihn sprachen.
Den Anblick von damals, ich habe ihn wieder vor Augen: die starr gefalteten Hände mit den bläulichen Fingerspitzen, die ein wenig mürrisch gegen die Oberlippe gepreßte Unterlippe, die majestätisch geschlossenen Augen. Vor allem aber erinnere ich mich an die weißen Hemdsärmel und die Manschettenknöpfe, auf die sich mein Blick – wohl aus Angst vor dem Toten – festgesetzt hatte. Oder war es doch die Verwunderung, daß der Tod so ästhetisch, so manschettengestärkt daherkam?
Onkel Leo war im Schlafzimmer aufgebahrt. In Küche und Wohnzimmer saßen die Angehörigen beisammen – weinend, schweigend, erzählend, wieder weinend. So viel Leben war um diesen Toten, so viel geheimnisvolle Gemeinschaft.
Der zweite Tote in meinem Leben war mein Großvater. Er starb von einer Minute zur anderen, aus dem Leben ebenso gerissen wie von meiner Seite. Ich habe ihn nicht als Toten gesehen; meine Eltern meinten es gut und wollten mir den Anblick des Todes ersparen. Es hat einige Jahre gedauert, bis ich die Nachzahlung für diese Ersparnis geleistet habe, bis der nie gelebte Abschied von meinem Großvater mit doppelter Kraft in mein Leben einbrach.
An jenem Abend, als mein Großvater plötzlich nicht mehr da war, fortgenommen in ein unzugängliches Nirgendwo, waren in der Küche alle versammelt. Auch der Pfarrer, den ich noch nie bei uns gesehen hatte; jetzt blieb er bis spät in die Nacht, den größten Teil des Abends schweigend und zuhörend.
Eine Erfahrung dieses Abends werde ich wohl nie vergessen. Gelangweilt von den Gesprächen der Erwachsenen, war ich hinausgegangen, um auf dem Treppenabsatz zu warten. Da kam mein Großonkel, den man benachrichtigt hatte, sah mich auf dem Treppenabsatz, beschleunigte seinen Schritt und nahm mich in seine Arme, wie er es wohl sein ganzes Leben nicht mehr getan hat. Ich glaube, er hat damals geweint. Ganz sicher hat er als einziger ein Gespür gehabt für meine Trauer und für meine Orientierungslosigkeit in dieser schwierigen Situation.«

(Thomas Meurer, Die Umarmung)[1]

Ein Mensch stirbt. Das Bestattungsinstitut wird verständigt: Formalitäten und praktische Fragen für die Beerdigung werden geklärt, das Finanzielle wird geregelt. Der Kontakt zum Seelsorger wird herge-

stellt; ein kurzes Trauergespräch findet statt, nicht selten unbekannterweise; dann folgt der Gang zur Aussegnungshalle. Trauerfeier, Beerdigung oder Einäscherung beenden das »Ritual«.
Doch was kommt danach? Viele Trauernde und Hinterbliebene sind nach der Beerdigung allein auf sich gestellt. Erst jetzt wird ihnen der Verlust und der herbe Einschnitt bewußt, und sie nehmen das Gefühl des Verlassenseins umfassend wahr: Der Tod des Angehörigen reißt eine Lücke ins Leben, die durch nichts wieder aufzufüllen ist und in ihrer Dimension von Außenstehenden nicht verstanden werden kann.
Das Verständnis für die Trauer und den Verlust stößt bei den Menschen aus der unmittelbaren Umgebung schon bald an seine Grenzen: Der Trauernde erfährt, daß er mit seinem Schmerz allein ist und somit kaum Gelegenheit hat, darüber zu reden. Sprachlosigkeit ist damit eine weitere Form des Verlassenseins. Naheliegend wäre, diese Sprachlosigkeit in Gemeinden und Kirchen zu überwinden. Naturgemäß sind sie der Ort, an dem Trauer, Nöte und Ängste zur Sprache kommen müßten. Aber das Gegenteil ist häufig der Fall: Trauerbewältigung findet in vielen Gemeinden nicht oder nur unzureichend statt. Bei der üblichen Geschäftigkeit gemeindlicher Gruppen und Aktionen bleibt der Betroffene »außen vor«.
Während bis vor wenigen Jahrzehnten vor allem im ländlichen Bereich die Großfamilie den Part der Trauerbegleitung übernommen hat, sind Trauernde heute mehr und mehr auf sich selbst gestellt. Hand in Hand mit der Individualisierung der Gesellschaft und ihrer Lebensformen sind nachbarschaftliche Beziehungen und Hilfsnetze verlorengegangen. Ebenso ist die Einbindung in ein lebendiges kirchliches Gemeindeleben mit all ihren tragenden Momenten (wie gewiß auch Nachteilen, z. B. umfassende Sozialkontrolle) schwächer geworden.
Vereinsamung und Hilflosigkeit ausgerechnet in dem Moment, in dem Begleitung besonders notwendig wäre, sind somit ein deutliches Kennzeichen der heutigen Trauersituation, in der Trauer im eigentlichen Sinn nicht mehr vorkommen darf. Äußerlich sichtbar wird dies durch den Verlust von Trauerritualen und Zeichen (z. B. die Totenwache beim Verstorbenen in der Wohnung durch Angehörige und Nachbarn oder das Tragen von schwarzer Kleidung für einen bestimmten Zeitraum). Die Folgen können fatal sein. Der Psychologe und Psychotherapeut Jorgos Canacakis schreibt: »Trauer ist nicht nur Trauer. Sie ist ein gemischtes Gefühl, das in seiner Vielfalt schwer erkennbar ist. Sie ist uns gegeben, um Schmerzen des Verlusts zu bewältigen. Wenn wir ihr nicht Hindernisse in den Weg stellen, kann sie von selbst fließen und nach außen gelangen. Wenn sie in uns bleibt, kann sie zerstörerisch wirken. Sie tritt selten allein, fast immer intensiv mit anderen Gefühlen vermischt auf. Den Umgang mit ihr lernt man, indem man mit der Hilfe und Unterstüt-

zung Gleichgesinnter den Entschluß faßt, sie zu durchleben und nicht zu verstecken.«[2]
Mit der Situation der Einsamkeit und Isolation der betroffenen Menschen werden wir in unserer Arbeit ständig konfrontiert. Sie tritt in einer durch viele soziale Probleme geprägten Großstadt, wie in unserem Fall Nürnberg, noch offensichtlicher zutage als in ländlichen Gegenden. Im Trauergespräch mit den Angehörigen, die uns wie die Verstorbenen größtenteils unbekannt sind, stellen wir fest, daß sie meistens für Hilfe und weitere Begleitung offen sind.
Diese Gespräche zeigen häufig, daß den existentiellen Fragen der von einem Todesfall betroffenen Menschen kaum mehr mit klassischen christlichen Antworten begegnet werden kann. Konfessionelle Unterschiede spielen daher weder bei den Teilnehmern noch bei der Gestaltung der Trauerkreise eine Rolle. Gemeinsame Basis aller ist die Verlusterfahrung.
Mit diesem Trauerkreis hoffen wir, einer größeren Zahl an Hinterbliebenen die Hilfe und Begleitung zu geben, wie wir sie aus Zeitgründen individuell so nie leisten könnten. Ein wesentliches Ziel des Trauerkreises ist auch, daß die Trauernden sich innerhalb einer Gruppe gegenseitig stützen und über diese Gruppe hinaus vielleicht auch Kontakt halten. Uns selbst hilft dieser Trauerkreis, der Gefahr der Routine im Umgang mit Trauer und Beerdigung zu begegnen. Durch das Miterleben der Trauerarbeit in einem Gruppenprozeß bleiben wir für die Fragen und Hoffnungen der betroffenen Menschen sensibel.[3] Ermuntert werden wir in unserer Arbeit durch Reaktionen Betroffener. Eine Teilnehmerin des Trauerkreises meinte: »Durch den Trauerkreis ist mir klar geworden, wie viele Menschen herumlaufen, denen man ihre Not auf den ersten Blick nicht ansieht, die aber Hilfe dringend nötig hätten.«
Zahlreiche Seelsorgerinnen und Seelsorger haben dies als Chance erkannt. Wir fühlen uns daher ermutigt, die bisher schon praktizierten Trauerkreisrunden mit ihren Themen, Inhalten und Methoden zu veröffentlichen.
Wir hoffen, mit diesem praktischen Anwendungsbuch einen Beitrag dazu leisten zu können, daß Trauerbegleitung als wichtiger Bestandteil in Gesellschaft und Alltagsseelsorge gewürdigt und angeboten wird. Noch viel zu häufig wird vor allem in kirchlichen Gemeinden übersehen, daß Trauernde fundierte seelsorgerliche Hilfe brauchen. Private Bestattungsinstitute und Therapeuten füllen diese Lücke inzwischen für teures Geld. Gerade die Kirchen laufen Gefahr, die Kompetenz für eines ihrer ureigensten pastoralen Felder zu verlieren und damit die Menschen, für die sie da sein sollten. Eine Kirche aber, die sich in Notsituationen verschließt, wird nicht mehr als glaubwürdig wahrgenommen.

Jürgen Kaufmann *Christoph Kreitmeir* *Maximilian Wagner*

Vorbemerkungen und Grundsätzliches zum Trauerkreis

Voraussetzungen und Rahmen

Es dauert einige Zeit, bis die Hinterbliebenen nach einem Todesfall in der Lage sind, an einem Trauerkreis teilzunehmen. In den meisten Fällen brauchen sie zunächst Zurückgezogenheit und Ruhe, um sich ihrer Situation bewußt zu werden. Erst danach kann eine Auseinandersetzung mit ihr und eine Trauerarbeit im Kreis von Gleichgesinnten erfolgen. In der Regel sollten Trauernde daher erst nach etwa vier Monaten eingeladen werden. Von Anfang an sollte dabei deutlich gemacht werden, daß dieser Trauerkreis genügend Raum zum Gespräch, aber auch zum gemeinsamen Schweigen bietet. Das heißt: Es soll klar sein, daß die Teilnehmer (hier wie im folgenden sind damit Teilnehmerinnen und Teilnehmer gemeint) auch einfach nur da sein dürfen – niemand sollte sich unter Druck gesetzt fühlen, etwas sagen zu müssen. Und selbstverständlich muß es eine Grundregel sein, daß sämtliche Gespräche innerhalb des Trauerkreises streng vertraulich behandelt werden.

Aufbau, Ablauf sowie Ort und zeitlicher Rahmen des Trauerkreises sind stets gleich. Dies sorgt für die nötige Gesprächssicherheit bei den Teilnehmern: Eine Trauerkreisrunde dauert drei bis vier Monate und steht unter einem besonderen Thema. Sie setzt sich aus sechs bis acht Treffen zusammen, d.h. etwa alle drei Wochen findet solch ein Treffen statt. Zeit, Ort und Zusammensetzung des Trauerkreises bleiben bis zum Ende gleich: Spätestens nach dem zweiten gemeinsamen Treffen werden keine neuen Teilnehmer aufgenommen. Nur so ist die gegenseitige Vertrauensbildung in der Gruppe möglich.

Die Teilnahme am Trauerkreis kann je nach persönlichem Bedarf über mehrere Trauerkreisrunden hinweg andauern. In den meisten Fällen wird sich diese Teilnahme auf ein Jahr beschränken. Es bleibt jedoch jedem selbst überlassen, länger dabei zu sein oder früher aufzuhören. Länger als zwei Jahre jedoch sollte niemand teilnehmen: Der Trauerkreis soll helfen, wieder auf eigenen Füßen stehen zu können, er darf kein Selbstzweck werden.

Themen und Unterthemen

Nach Verena Kast gibt es vier Trauerphasen: die Phase des »Nicht-wahrhaben-Wollens«; die Phase der »aufbrechenden Emotionen«; die Phase des »Suchens und Sich-Trennens«; die Phase des »neuen Selbst- und Weltbezugs«.[1] Die von Kast definierten Trauerphasen stellen Modelle dar. In der Realität verlaufen sie bei jedem Trauernden unterschiedlich lang und intensiv. Um diesem individuellen Trauern mehr Raum zu geben, haben wir diese Phasen noch einmal in Unterphasen eingeteilt, wobei wir auf Erfahrungen aus Trauergesprächen vor und nach Beerdigungen zurückgriffen, in denen wir immer wieder erlebten, daß der Prozeß durch zahlreiche Rückschläge, Höhen und Tiefen geprägt ist. Daraus ergeben sich folgende Stufen bzw. (Unter-)Phasen des gesunden und nicht neurotischen Trauerns:

- Schock, Lähmung und Sprachlosigkeit
- Melancholie, anfängliche Trauer und Verzweiflung als erste Regung nach der Lähmung
- Verstärkte Offenheit und Sehnsucht nach äußerer Hilfe und Transzendenz
- Aufbegehren und übermäßige Unruhe als Gegenreaktion zur ersten Lähmung[2]
- Innehalten: Hinterfragen des bisherigen Weges; erneuter Hang zur Melancholie
- Neuer, ruhigerer Aufbruchversuch
- Aktiver Lebenswille: Neuordnung der Lebenswelt und der Einstellung zum Verstorbenen
- Kraft für den weiteren Weg schöpfen: Akzeptanz der Realität und Fähigkeit, den Trauerweg allein weiterzugehen

In diesem Buch stellen wir vier Trauerkreisrunden mit den Themen »Weg«, »Baum«, »Haus« und »Märchen und Farben« vor.
Entsprechend den genannten Unterphasen des Trauerns werden diese Themen in den einzelnen Sitzungen einer Trauerkreisrunde noch einmal in Unterthemen gegliedert (siehe dazu die Einleitungen zu den jeweiligen Trauerkreisrunden, S. 21f., 51f., 87f., 125f.).

Methoden

Die Methoden in den einzelnen Trauerkreissitzungen sollen Verstand und Gefühl ansprechen. Sie sollen helfen, die Teilnehmer für das Gespräch und das Vertrauen untereinander zu öffnen sowie Emotionen einen Raum zu geben. Während jeder Sitzung werden verschiedene Methoden gleichzeitig angewandt. Jede Sitzung beinhaltet in der Regel einen meditativen und einen kommunikativen Teil, der durch eine Geschichte, ein Gedicht, ein Lied oder ein Gebet beendet wird. Der meditative Teil kann unterschiedlich aussehen: Bild- oder Gegenstandsbetrachtungen folgen Phantasiereisen und Malmeditationen. Eine wichtige Rolle spielt die Musik, die entweder die Meditationen begleitet oder eigenständig die Stille »ausfüllt«. Wesentlich ist, den Teilnehmern nach jedem Treffen einen Text und/oder ein Symbol des jeweiligen Sitzungsthemas als Erinnerung mit nach Hause zu geben.

Die Methoden sind im einzelnen:

- Meditative Bild- oder Dia-Betrachtung, Textlesung und -betrachtung, Farbmeditation
- Meditative Schlußgedanken
- Phantasie- und Traumreisen, Imaginationen
- Meditative Körperübung
- Stille Phasen mit und ohne Musik
- Mandala malen mit meditativer Hintergrundmusik, Malmeditation, Schreibmeditation
- Gegenständliche Meditation (Beispiel: Kerze, Herbstblatt, Blume)
- Riech- und Fühlmeditation (Holzstücke, Wasser)
- Geschichten, Märchen und Gedichte
- Gemeinsames Singen und Beten
- Gesprächs- und Erfahrungsrunden, Gedankenrunde
- Assoziationsübungen zum Thema

Empfehlung zur Anwendung der meditativen Methoden

Diese Übersicht zeigt, daß der Anteil meditativer Methoden und Elemente in den einzelnen Trauerkreisrunden überwiegt. Um sie wirkungsvoll anwenden zu können, müssen einige Vorbedingungen beachtet werden.

Die Teilnehmer sollten zu Beginn der Anwendung meditativer Elemente eine Vorstellung davon bekommen, was sie erwartet. Für viele von ihnen ist dies etwas völlig Neues. Durch die Erläuterung erhalten sie die nötige Sicherheit, die wiederum erst die geistige Bereitschaft ermöglicht. Das gilt besonders für Traum- und Phantasiereisen sowie Imaginationen, ebenso für stille Phasen und Betrachtungen. Eine Phantasiereise zum Beispiel kann mit einem Traum verglichen werden, dessen Situation vorgegeben wird.[3] Den Teilnehmern soll klar werden, daß sie sich die vorgegebene Situation ausmalen und diese weiterentwickeln können, wie sie es wollen; daß jeder den vorgegebenen Worten folgen, aber natürlich auch eigene Wege gehen kann; daß jeder andere Dinge auf seiner Reise erleben, sehen und hören wird; ebenso, daß jedem das Recht vorbehalten bleibt, nachher alles auch für sich behalten zu können.

Vor Beginn der eigentlichen Reise kann der Raum etwas abgedunkelt werden. Wesentliche Voraussetzung für jede Traum- und Phantasiereise sowie Imagination ist stets, daß die Teilnehmer zunächst zur äußeren und inneren Ruhe kommen: Wenige Worte am Anfang lenken darauf hin (»Ich komme zur Ruhe«; »Ich lasse meine Gedanken ziehen«; »Ich lenke meine Gedanken auf ...«). Ebenso führen einige inhaltliche Bemerkungen zur Konzentration auf den speziellen Inhalt der Traum- und Phantasiereise sowie der Imagination. Den Teilnehmern sollte eine möglichst bequeme Haltung nahegelegt wer-

den. Beine und Arme dürfen dabei nicht gekreuzt sein, um die Atmung und die Körperwahrnehmung nicht zu behindern. Im Sitzen sollte der Rücken möglichst gerade bleiben, die Füße müssen flach auf dem Boden stehen.
Eine wichtige Rolle spielt die richtige Atmung. Mit beruhigender Stimme wird die Aufmerksamkeit auf den Atem gelenkt und somit ein ruhiges Atmen gefördert (»Mein Atem ist ruhig und tief ...«). Darauf folgt die Einladung, die Augen zu schließen und sich ganz auf die beginnende Reise einzulassen. Der Text muß ruhig und gleichmäßig vorgetragen werden, jedoch nicht zu monoton und leise. Sonst läßt die Konzentration der Teilnehmer nach. Wo es sich anbietet, können während eines Textvortrags kleine Pausen hilfreich sein, um bestimmte Inhalte wirken zu lassen. Dies setzt voraus, daß solch eine Reise gut vorbereitet wurde.
Das Ende der Reise sollte angekündigt werden. Auf keinen Fall darf sie einfach abrupt schließen. Die Teilnehmer müssen aus ihrer Innenwelt erst wieder langsam zurückgeholt werden. Sie sollen daher noch eine Zeitlang in der Traumwelt verweilen können. Eine kurze Sprechpause nach dem Schluß des Textes bietet Gelegenheit dazu. Danach folgt der direkte Hinweis auf die Rückkehr: »Ich komme nun allmählich zurück. Ich lenke meine Gedanken auf meine Umwelt, auf diesen Raum, auf die Menschen um mich herum. Ich atme tief ein und aus. Ich recke und strecke mich. Ich öffne meine Augen. Ich bin da.« Der Prozeß der Rückkehr kann unterschiedlich lang dauern. Hierfür sollte entsprechend Zeit eingeräumt werden. Nach der Rückkehr muß den Teilnehmern eine kurze, spontane Rückmeldung ermöglicht werden, sofern keine ausführliche Gesprächsrunde geplant ist. In diesem Fall aber müssen gezielte Impulsfragen die Verbindung zwischen Traumreise und Gespräch herstellen. Eine Traum- und Phantasiereise kann mit Musik untermalt werden. Diese sollte zum Inhalt und zur Atmosphäre passen. Grundsätzlich darf die Musik den Text nicht übertönen. Sie soll ihn lediglich verstärken.

Aufbau und Ablauf einer Trauerkreissitzung

Der Aufbau einer Trauerkreissitzung ist stets gleich. Ähnlich wie bei einem Ritual, das eine sinnstiftende und eine heilende Wirkung hat, ist damit von Anfang an eine Orientierung gegeben. Die Teilnehmer können sich leichter auf den Inhalt, den Gesprächsverlauf und ihre eigenen Gefühle konzentrieren.[4]
Es empfiehlt sich, den Trauerkreis zu zweit zu leiten, da dadurch die Methoden abwechslungsreicher angewandt werden können.
Jede Trauerkreissitzung dauert maximal zwei Stunden. Dies sollte konsequent eingehalten werden, um eine verläßliche Zeitplanung zu gewähren. Aus diesem Grund wird bei Übungen, bei denen schwer

abzuschätzen ist, wie lange sie günstigenfalls dauern sollten/könnten, auch ein entsprechender Hinweis gegeben. Außerdem erzeugt solch ein fester Rahmen von vornherein Gesprächsdisziplin.
In seinem Grundschema folgt in jeder einzelnen Trauerkreissitzung auf einen geselligen Teil der eigentliche Trauerkreis sowie ein informativer Schlußteil. Der gesellige Teil (»Ankommensrunde«) dauert immer ein halbe Stunde und besteht aus einer Kaffee- und Kuchenrunde. (Ab dem zweiten Treffen bringen die Teilnehmer je abwechselnd den Kuchen selbst mit – ein nicht zu unterschätzender gruppenbildender Faktor.) Am Ende dieses Abschnitts wird das Kaffeegeschirr abgeräumt, um so auch für alle erlebbar und sichtbar die inhaltliche Runde einzuleiten. Diese beginnt in der Regel mit einem thematischen Einstieg in Form von einleitenden Gedanken. Dabei sitzen die Teilnehmer an einem Tisch um eine gestaltete Mitte herum »im Kreis«. Dem schließt sich ein meditativer Teil an (Musikmeditation oder Phantasiereise), gefolgt von einer Gesprächsrunde, die unterbrochen werden kann durch Mandala-Malen oder durch das Vorlesen einer Geschichte. Am Ende rundet ein Gedicht, ein Gebet, ein Lied oder eine Kurzgeschichte das jeweilige Treffen ab. Ein gestaltetes Textblatt und/oder ein symbolisches Geschenk werden verteilt. Der informative Schlußteil dient dazu, nochmals an den nächsten Termin zu erinnern, abzuklären, wer beim nächsten Mal Kuchen mitbringt und für dieses Mal beim Aufräumen hilft.
Wir haben in diesem Buch im Anschluß an jede Trauerkreissitzung einen Erfahrungsbericht aufgenommen, der die Wirkung des Ablaufs des jeweiligen Treffens beschreiben soll. Er setzt sich aus den Erfahrungen mehrerer Trauerkreisrunden zusammen. Dies soll helfen, auf bestimmte Schwierigkeiten vorbereitet zu sein und entsprechend Alternativen anbieten zu können.

Begleitende Massnahmen

Ein ganz wichtiger Bestandteil des Trauerkreises ist die Atmosphäre. Zu ihr trägt wesentlich bei, daß rechtzeitig vor dem Treffen der Raum sorgfältig hergerichtet wird. Außer den immer wiederkehrenden Gestaltungselementen sind auch die Requisiten und Dekorationselemente zu nennen, die speziell für einzelne Sitzungen gebraucht werden. Sie werden an den entsprechenden Stellen des Buches genannt.
Als immer wiederkehrende Gestaltungselemente für jede Trauerkreissitzung schlagen wir vor:

- Raum von außen als »Raum der Stille« kennzeichnen (Schild: »Bitte nicht stören!«)
- Tischkreis mit Kaffeegeschirr, Kaffee (koffeinfrei!), Kuchen und Getränken einladend gestalten

- MC- und CD-Gerät bereithalten
- Gedämpftes Licht
- Unaufdringliche Hintergrundmusik für den Anfang
- Duftlampe mit beruhigenden Duftessenzen
- Kerzen und Blumen auf den Tischen
- Papiertaschentücher bereitlegen
- Telefon (falls vorhanden) während des Trauerkreises abschalten

Eine wichtige begleitende Maßnahme besteht darin, den Teilnehmern einen »Heimfahrservice« anzubieten: Dies kann für die meist älteren Betroffenen ein Grund dafür sein, während der dunkleren Jahreszeiten am Trauerkreis überhaupt teilzunehmen.
Teilnehmern, die bei einer Sitzung nicht anwesend sein konnten, sollte möglichst umgehend das während der Sitzung verwendete Material zugesandt werden, um ihnen das Gefühl zu geben, weiterhin dabeizusein. Der Kontakt zu häufiger fehlenden Teilnehmern sollte möglichst lange aufrechterhalten werden. Nicht selten sind sie durch depressive Phasen nicht in der Lage, regelmäßig zu kommen. Ein von Anfang an angestrebtes Ziel ist der Kontakt der Trauernden untereinander. Aus diesem Grund wird möglichst bald eine Namens- und Adressenliste aller Anwesenden angefertigt und verteilt (das Einverständnis der Betroffenen vorausgesetzt).

Was kommt nach dem Trauerkreis?

Im Verlauf einer Trauerkreisrunde wird für manche Teilnehmer die Gruppe selbst immer wichtiger werden: einmal weil durch die regelmäßigen Treffen das eigene Leben eine bestimmte, feste Struktur erhält, zum anderen durch die Kontakte selbst, die die Isolation überwinden helfen[5] und aus denen zum Teil echte Freundschaften über den Trauerkreis hinaus erwachsen sind.
Hilfreich für die Zeit nach dem Trauerkreis können bereits vorhandene (kirchliche) Gemeinschaftsangebote sein. Viele Teilnehmer sind erst nach der Erfahrung des Trauerkreises bereit, entsprechende Angebote wahrzunehmen und sich darauf einzulassen. Solche Angebote können im einzelnen sein: Seniorenclub, Kaffeetreff, Bibelkreis, Bastelkreis, kirchliche Vereine, Kirchenchor, Diakonale Helferkreise (Besuchsdienst etc.), thematisch begrenzte Kreise (»Exerzitien im Alltag«), Pfarrveranstaltungen (Vorträge, Feste, Ausflüge ...)
Bei der Suche nach Angeboten sollte den Teilnehmern geholfen werden. Dies schließt mit ein, sie eine Zeitlang zu begleiten und, wenn nötig, zu korrigieren. Nicht selten neigen Menschen nach einem Trauerfall zu Aktionismus, der zur Erschöpfung und schließlich zur Depression führen kann.

Selbstverständlich sollte man ehemalige Teilnehmer auch über nichtkirchliche Beratungseinrichtungen, Selbsthilfegruppen und Freizeitangebote informieren. Hilfreich ist dabei die Zusammenstellung eines überschaubaren Infoblattes.
Überlegenswert ist unseres Erachtens auch, die ehemaligen Teilnehmer eines Trauerkreises dann und wann wieder zu einer lockeren Kaffee- und Gesprächsrunde einzuladen. Dadurch kann ein gewisser Kontakt unter den Teilnehmern aufrechterhalten werden.

Trauerkreisregeln

Zusammenfassend werden im folgenden noch einmal die Rahmenbedingungen für den Trauerkreis als Regeln genannt. Sie sollten den Teilnehmern in schriftlicher Form am Beginn einer jeden Trauerkreisrunde ausgehändigt werden.

1. Jeder Teilnehmer darf auch »einfach nur da sein«:
   - Niemand muß etwas sagen, wenn er nicht will oder kann.
   - Niemand soll sich unter Druck gesetzt fühlen.
2. Die Gespräche werden vertraulich behandelt:
   - Weder durch die Betreuer noch durch die Teilnehmer wird etwas davon nach außen dringen, ohne daß es die Teilnehmer wollen.
3. Der Trauerkreis trifft sich alle drei Wochen zur selben Zeit am selben Ort in derselben Zusammensetzung:
   - Um eine Vertrauensatmosphäre zu schaffen, bleibt der Rahmen für den Einstieg und den Abschluß der jeweiligen Treffen immer gleich. Wir treffen uns daher immer im selben Raum.
   - Tag und Uhrzeit bleiben ebenfalls stets gleich. Diese Zeit sollte möglichst genau eingehalten werden.
   - Wer sich zur Teilnahme entschließt, sollte regelmäßig kommen. Im anderen Fall bitten wir vorher Bescheid zu sagen.
   - Die Teilnehmer des Kreises sollen sich kennen. Deshalb öffnet sich der Trauerkreis für neue Interessenten nur alle drei bis vier Monate.
4. Der Trauerkreis ist ein gemeinsamer Weg. Dieser Weg kommt irgendwann an ein Ziel. Dieses Ziel kann für den einen oder anderen unterschiedlich früh oder spät kommen. Der Trauerkreis ist daher zeitlich begrenzt:
   - In der Regel dauert die Teilnahme an einem Trauerkreis ein Jahr.
   - Wer früher das Gefühl hat, nicht mehr am richtigen Platz zu sein, kann selbstverständlich früher gehen.
   - Wer noch länger Zeit braucht, kann länger bleiben.
5. Für alle Teilnehmer stehen die Seelsorger/Gesprächsleiter auch zu Einzelgesprächen zu Verfügung.

Einladung zum Trauerkreis

Die Trauernden sollten mit einem Brief persönlich eingeladen werden. Entsprechend dem Anliegen, den Adressaten zu vermitteln, daß ihnen in schwerer Verlustsituation geholfen werden kann, empfiehlt es sich, die Einladung betont zurückhaltend zu formulieren.

Briefkopf

Adresse
Datum

Ich werfe meinen Schrei hinaus aufs Meer,
die Wellen spülen ihn zurück.
Ich rufe meinen Schrei in die Wüste,
der Sandsturm trägt ihn zurück.
Ich trage meinen Schrei auf den Berg,
das Echo bringt ihn zurück.
Ich schicke meinen Schrei zum Himmel,
er kommt als Lied zurück.

Sie haben einen Menschen verloren und trauern um ihn. Wir möchten Ihnen helfen, mit dieser Situation fertigzuwerden, so gut wir das eben können. Wir möchten Ihnen einen Raum anbieten, in dem

- Sie so sein dürfen, wie Sie sich gerade fühlen,
- Sie Abschied nehmen und loslassen können,
- Sie Menschen in ähnlicher Situation kennenlernen,
- Sie mit den Menschen sprechen oder auch schweigen können,
- Sie vielleicht erfahren, daß sich Lasten gemeinsam leichter tragen lassen.

Wir haben in unserer Gemeinde einen Kreis für Trauernde und Hinterbliebene gegründet. Hierzu laden wir Sie herzlich ein, und zwar am .... um .... Uhr im .... in der .... straße.....

Dieses erste Treffen soll nicht länger als zwei Stunden dauern.

Sollten Sie an diesem Tag keine Zeit haben, trotzdem aber interessiert sein, so rufen Sie uns bitte an oder schicken Sie uns eine kleine Nachricht. Wir werden Sie dann für das nächste Mal auf jeden Fall wieder benachrichtigen.

Ihnen einen herzlichen Gruß

....

Trauerkreis »Weg«

Der erste Trauerkreis steht unter dem Thema »Weg«: Der Trauerprozeß innerhalb der Gruppe ist ein gemeinsamer Weg, den aber jeder Trauernde bewußt für sich gehen muß.

Erstes Treffen: **Ich stehe am Anfang meines Weges**
Jeder Weg hat einen Anfang. Selten verläuft er gerade und problemlos. Er führt erst nach längerem Suchen ans Ziel, das am Beginn noch unklar ist. Der »Weg« ist Sinnbild für das Leben an sich. Zu diesem Leben zählen Glück und Freude ebenso wie Trauer und Leid.

Zweites Treffen: **Steine auf dem Weg**
Nach den ersten Schritten treten Hindernisse und Schwierigkeiten auf: Steine liegen auf dem Weg. Sie können einen stolpern und hinfallen lassen, zu einem Umweg zwingen, aber auch als Wegmarken dienen. Und: »Steine« erinnern an Prägungen auf dem bisherigen Lebensweg.

Drittes Treffen: **Türen öffnen einen Weg**
Weitere Hindernisse zeigen sich in Form von Begrenzungen: Türen sind Barrieren. Zugleich aber erlauben sie, den Weg in einen »neuen Raum« und eine neue Richtung weiterzugehen. Die Voraussetzung dafür ist: Ich muß sie öffnen und den Schritt hindurch wagen. Dieses dritte Treffen stellt damit eine Art Wendepunkt in der Trauerkreisrunde dar.

Viertes Treffen: **Spuren auf dem Weg entdecken**
Viele kleine Lebenszeichen können entdeckt werden – häufig unvermutet. Sie deuten die Aussicht auf eine neue Lebensrichtung an, ohne das bisherige Leben mit seinen Schattenseiten zu verleugnen. Dieser Schritt kann nun erfolgen – nach dem Übergang zu etwas Neuem, was durch das Türöffnen symbolisiert wird.

Fünftes Treffen: **Gleis und Schiene als ein Weg**
Auch wenn uns nicht danach zumute ist, es so wahrzunehmen: Dieser Weg führt in irgendeiner Weise weiter. Gleis und Schiene deuten an, daß der Weg trotz allem weitergeht. Ließen die »Spuren« auch noch die Schattenseiten des bisherigen Lebens erkennen, so richten »Gleis und Schiene« den Blick nach vorne.

Sechstes Treffen: **Blumen blühen auf dem Weg**
Ein Symbol des Lebens sind »Blumen auf dem Weg«, die trotz aller Hindernisse blühen. Sie sind aber nur für denjenigen ein Hoff-

nungszeichen, der sie als solches erkennen will. Das letzte Treffen des Trauerkreises soll verdeutlichen, daß in den vergangenen Monaten kleine Zeichen des Lebens aufgeblüht sind, die Hoffnung machen können. Mehr noch: daß neues Leben aufbricht.

Erstes Treffen:
Ich stehe am Anfang meines Weges

Ziel

Den Anwesenden sollte das Anliegen, der Inhalt und der Ablauf des gesamten Trauerkreises vermittelt werden. Als Bild hierzu dient der »Weg«. Gleichzeitig sollten sich die Teilnehmer darüber klar werden, weshalb sie am Trauerkreis teilnehmen.

Methoden

- Gesprächs- und Vorstellungsrunde
- Bildauswahl mit meditativer Hintergrundmusik
- Textlesung

Vorbereitungen

- **für jedes Treffen:** siehe »Begleitende Maßnahmen«, Seite 16f.

- **für dieses Treffen:**
  - Motivkarten mit verschiedenen Wegbildern auf einem eigenen Tisch außerhalb des Tischkreises aussuchen[1]
  - Textblatt erstellen und in größerer Anzahl kopieren
  - Meditative Musik für die Zeit der Auswahl der Bildmotive auswählen
  - »Trauerkreisregeln« (S. 18) in größerer Anzahl kopieren

Ablauf

1. Ankommensrunde (Zeit: rund 30 Minuten)

Bei Hintergrundmusik, Kaffee und Kuchen lernen sich die Teilnehmer ungezwungen kennen.

2. Offizielle Begrüßung und Vortragen der »Trauerkreisregeln«

Mit der Begrüßung beginnt der inhaltliche Teil. Um dies zu verdeutlichen, sollte die Musik ausgeschaltet werden. Die Trauerkreisregeln klären über Inhalt, Absicht, Rahmen und Ablauf des Trauerkreises auf.

3. Weg-Bilder auswählen (10–15 Minuten)

Dieser Teil öffnet die Teilnehmer für das Thema. Er soll die Motivation für die Teilnahme klären helfen. Die Teilnehmer werden eingeladen, eines der Wegmotive, die auf einem eigenen Tisch liegen, auszuwählen. Dazu läuft stille Hintergrundmusik. Zur Auswahl dienen Impulsfragen:

Welches Bild spricht mich jetzt an?
Welches Bild drückt meine derzeitige Stimmung aus?
Warum habe ich ausgerechnet dieses Bild ausgewählt?

4. Persönliche Vorstellungsrunde (40–50 Minuten)

Die Teilnehmer stellen sich mit Namen vor. Mit Hilfe des ausgewählten Weg-Bildes beschreiben sie, wie sie sich gerade fühlen und warum sie am Trauerkreis teilnehmen.

5. Schlußbetrachtung[2]

Das Thema »Weg« wird erklärt: »Weg« als Bild für einen gemeinsamen Prozeß innerhalb des Trauerkreises, gleichzeitig aber auch als Prozeß (»Lebensweg«), den letztlich jeder selbst gehen muß und der selten gerade und problemlos verläuft. Die ersten Zeilen des Textblattes werden vorgelesen; dann die Textblätter verteilt, danach die restlichen Verse vorgelesen. Der Text dient dazu, das Einführungstreffen abzurunden. Er soll als offener Gedankenimpuls für zuhause mitgegeben werden.

Kennst du das?
Da tauchen die alten Bilder wieder auf, auch wenn du sie nicht gerufen hast. Bilder von Wegen, die wir ein Leben lang gegangen sind, allein oder mit anderen, geliebten Menschen. Wege, die plötzlich ein Ende fanden, aber in neue, unbekannte Wege mündeten. Du siehst, wie der Weg begann, wie alles begann, du siehst die Menschen von damals, ihre Gesichter, ihren Blick, ihre Gebärden, du siehst, was sie tun. Du hörst ihre Stimmen, ihre Worte, du hörst, was sie sagen – und spürst, wie sie dich zurückholen in die alte Zeit, in die doch kein Weg mehr zurückführt.
Du gehst durch alte Räume, stehst auf alten Plätzen, hörst dein Lied aus alter Zeit und fühlst, wie all das, was war, dir wieder nahekommt, als gäbe es kein Entrinnen.
Doch das Leben, dein Leben, fordert dich auf, den Weg weiterzuge-

hen, nach vorne zu gehen. Schritt für Schritt. Nicht den Weg des Nachbarn, der so viel leichter zu sein scheint. Da ist das Leben unerbittlich: Dein Weg – das ist der Weg, den nur du gehen kannst.

6. Terminabsprache

Daten und Uhrzeiten für die folgenden fünf Trauerkreissitzungen werden vereinbart.

7. »Trauerkreisregeln« verteilen; Verabschiedung

Erfahrungsbericht

Die Motivkarten regen die Teilnehmer zum Sprechen an. Sie bieten außerdem einen Halt für eher unsichere Teilnehmer. (Die meisten Teilnehmer sind im Gespräch ungeübt.) Die einzelnen Wegmotive können zum Teil starke Emotionen auslösen, wenn sich Teilnehmer etwa an konkrete Situationen mit ihrem verstorbenen Partner erinnern. Dadurch wird das gemeinsame Gespräch stark angeregt, was wiederum zur Folge haben kann, daß sich zeitweise »Nebenkommunikationen« (mehrere Grüppchen nebeneinander) bilden. Es muß akzeptiert werden, daß ein Teilnehmer die Runde bisweilen dominiert. Dennoch sollte jeder Teilnehmer wenigstens kurz zu Wort kommen – eine Aufgabe der Gesprächsleitung. Notizen (nach vorheriger Abklärung mit den Teilnehmern) helfen, Gedanken beim nächsten Treffen wieder aufzugreifen.

Zweites Treffen: Steine auf dem Weg

Erneute Einladung zum Trauerkreis an diejenigen, die am ersten Treffen nicht teilnehmen konnten.

Ziel

»Steine« symbolisieren Hindernisse und Schwierigkeiten auf dem persönlichen und gemeinsamen Weg der Trauer. Sie können einen stolpern und hinfallen lassen, ebenso aber als Wegmarke dienen und einen neuen Weg weisen. »Steine« sind gleichzeitig ein Bild dafür, wie Schicksale und Erlebnisse einen Menschen auf diesem Weg prägen.

Methoden

- Steinmeditation als thematischer Einstieg
- Gesprächsrunde
- Textlesung

Vorbereitungen

- **für jedes Treffen:** siehe »Begleitende Maßnahmen«, Seite 16f.

- **für dieses Treffen:**
  - Größere Steine auf einen Tisch in der Mitte des Kreises legen
  - Kleinere Steine vor jeden Platz auf den Tisch legen
  - Textblatt erstellen und in größerer Anzahl kopieren
  - Korb mit hellen Kieselsteinen zum Mitnehmen bereitstellen
  - Meditative Musik für den Einstieg zum Thema »Stein« aussuchen
  - »Trauerkreisregeln« (S. 18) für neue Teilnehmer kopieren

Ablauf

1. Ankommensrunde

2. Begrüßung und Vorstellung der neuen Teilnehmer; »Trauerkreisregeln« austeilen

Als Einstiegshilfe bzw. zur Vertiefung werden die Regeln erläutert. Neue Vorstellungsrunde: Name. Warum bin ich hier? Warum bin ich heute hier?

3. Thematischer Einstieg: Steinmeditation (etwa 20 Minuten)

Die Steinmeditation soll die Teilnehmer emotional für das Thema dieses Treffens öffnen und damit das Gespräch ermöglichen. Diese Einfühlungsübung mit einem Stein greift mehrere Aspekte auf: Sie soll sensibel machen dafür, wie ausgeliefert man dem Leben mit all seinen Prägungen, Verhärtungen und Lasten ist. Dies führt wiederum zu dem Gedanken, selbst ein Stein zu sein mit all seiner Härte und Schwere. Ein dritter Gedanke ist der, über Verhärtungen und Versteinerungen in einem selbst zu stolpern.
Vor jedem Teilnehmer liegt ein Stein auf dem Tisch. Die Teilnehmer werden gebeten, die Steine anzufassen und dabei den Impulsgedanken, die von zwei Gesprächsleitern abwechselnd gesprochen werden, zu folgen:

A: Steine sind ein Teil des Weges. Manche Wege bestehen nur aus Steinen. Vor sich auf dem Tisch sehen Sie jeweils einen Stein. Alle zusammen bilden einen Weg. Schauen Sie sich den Stein einmal an! Berühren Sie diesen Stein! Lassen Sie ihre Hand auf diesem Stein ruhen! Und spüren Sie die Schwere, die in diesem Stein liegt!

(Meditationsmusik ein- und während des Impulses weiterspielen lassen. Die Teilnehmer auffordern, die Augen zu schließen.)

B: Fühlen Sie, wie rauh die Oberfläche ist! Wie glatt sie aber an manchen anderen Stellen ist! Fühlen Sie, wie Risse diesen Stein durchziehen! Wind, Sonne, Regen, Trockenheit haben diesen Stein geprägt. Haben ihn hart gemacht. Ihm Ecken und Kanten gegeben. Ihn aber auch an manchen Stellen porös und brüchig werden lassen.

A: In einer Geschichte trifft ein Kind einen großen Stein. Es bleibt vor ihm stehen und fragt: »Was machst du da, großer Stein?« Der Stein antwortet: »Ich liege auf der Erde.« »Aber wenn die Nacht kommt«, fragt das Kind, »was tust du dann?« »Ich liege auf der Erde«, sagt der Stein. »Aber wenn es regnet?« »Auch dann liege ich auf der Erde.« »Aber wenn es schneit und kalt ist?« »Auch dann liege ich da und bin ein Stein.«

B: Wir fühlen den Stein unter unserer Hand. Er lag auf der Erde. Kalt liegt er vor uns. Wir lassen die Wärme unserer Hand auf den Stein übergehen. Wir drücken den Stein. Und wir spüren: Er ist hart und fest.

A: Aus Steinen kann man viel machen: Häuser bauen. Brücken bauen. Mauern bauen. Wege und Straßen bauen. Wir können Steine auf dem Weg einfach liegen lassen. Wir können anderen aber auch Steine in den Weg legen. Wir können selbst über Steine stolpern. Steine können für uns zu Stolpersteinen werden. Manchmal markiert ein Stein das Ende eines Weges. Er wird zum Grenzstein für uns. Grenzsteine zeigen das Ende eines Weges an. Aber zugleich stehen sie am Beginn eines neuen Weges, auch wenn wir diesen Weg noch nicht sehen.

B: Steine sind schwer. Sie drücken sich in die Erde. Sie drücken die Erde unter ihnen platt. Sie graben ihre Spur in den Boden. Jahr für Jahr. Steine belasten – und sind ein Bild für Last. Sie sind ein Bild für das Schwere in unserem Leben. Und manchmal sind sie ein Bild für uns selbst: Zu Stein geworden? Hart geworden? Sich selbst zur Last geworden? Ich fühle den Stein unter meiner Hand. Er hat die Wärme meiner Hand übernommen. Ich versetze mich in ihn hinein. Ich begleite ihn eine Strecke auf seinem Lebensweg, auf seinem Weg hierher.

A: Ich sehe mich als Teil einer Steilküste am Meer. Um mich herum andere Steine und Sand. Hier und da eine Wurzel. Das Rauschen der Wellen schlägt zu mir hoch wie eine gleichbleibende, ferne Melodie. Tagein, tagaus.

Ich spüre Bewegung im Untergrund, merke, wie das scheinbar feste Gefüge anfängt, sich zu verschieben, zu rutschen. Ich bin eingeschlossen in eine Bewegung, kann mich ihr nicht entziehen. Die Wogen des Wassers erreichen mich, Sand und kleinere Steine werden weggespült, immer lockerer liege ich.

B: Eine starke Welle umfaßt mich. Sie reißt mich heraus aus meiner Umgebung, schleudert mich fort ins Meer, ins Unbekannte. Ich sinke und finde mich am Meeresboden wieder. Hier liege ich zwischen Unmengen von Steinen. Aber das ist nicht das Ende meiner Reise. Nicht der Ort meiner Ruhe. Das Wasser bewegt mich unablässig hin und her. Zum Ufer und wieder zurück. Und mit mir all die anderen Steine. Wir werden gegeneinander verschoben, gedrückt, auseinandergerissen, weitergespült, an Felsen geschlagen, über Sand gerieben.

A: Ich spüre, wie ich mich verändere. Ecken werden abgeschliffen, spitze Kanten beginnen sich zu glätten, die Oberfläche wird poliert, verdeckte Farben und Adern werden freigelegt. Und wieder umfaßt mich eine Welle, wirbelt mich herum und wirft mich weit auf den Strand. Hier liege ich auf dem Sand. Wochen. Monate. Bis jemand kommt und mich aufhebt und mich mitnimmt.

Steine. Fest und verläßlich, hart und verletzend. Zum Bauen, zum Schützen, zum Werfen, zum Belasten, zum im Weg liegen. Stolpersteine. Gedenksteine. Grenzsteine.

B: Manchmal fühle ich mich wie ein Stein, hin- und hergeworfen, gerieben, gestoßen, vom Leben getreten, schmerzhaft ausgesetzt. Manchmal liegen Steine auf meinem Weg. Und ich habe Angst, daß ich sie nicht überwinden kann.
Ich denke an mein Leben. Daran, wie ausgeliefert ich ihm mit all seinen Prägungen bin.
Verhärtet wie ein Stein mit all seiner Härte, Schwere und Last. Ich denke an mein Leben.
An das, was mich mir selbst zur Last hat werden lassen wie ein Stein.
Ich denke an mein Leben. An das, was mich hat stolpern lassen über die Steine auf meinem Weg: Steine, die ich mir häufig selbst in den Weg gelegt habe; die Versteinerungen in mir sind.

A: Was hat mich geprägt und verhärtet? Was hat mich versteinern lassen?
Was hat mich belastet? Was hat mich mir selbst zur Last werden lassen? Was belastet mich?
Was hat mich verletzt und aus der Bahn geworfen?
Welche Situation hat mich stolpern lassen? Welche Stolpersteine gab und gibt es in meinem Leben? Worin bin ich mir selbst zum Stolperstein geworden?

(Längere Pause zum Nachdenken)

Ich komme langsam zurück in den Raum, in den Trauerkreis. Ich atme tief durch und recke und strecke mich. Ich öffne meine Augen. Ich bin wach.

(Musik ausklingen lassen)

4. Gesprächsrunde

Die in der Steinmeditation zuletzt gestellten Fragen werden kurz wiederholt. Zu Beginn der Gesprächsrunde sollen die Teilnehmer beschreiben, wie es ihnen während der Meditation ergangen ist. Angaben, die bereits zu den Fragen passen, sollten möglichst rasch aufgegriffen werden. Diese Fragen wiederum stehen für drei Aspekte (Verhärtungen in mir selbst; Lasten; Stolpersteine). Sie können jeweils eine eigene Fragerunde eröffnen, sofern das Gespräch nicht von selbst in Gang kommt.

5. Schlußtext: »Die Steinpalme«[3]

Die folgende Geschichte greift noch einmal den Gedanken der Last und der Belastung als prägenden Teil des Lebens auf. Dabei versucht sie, »Last« im nachhinein betrachtet positiv zu wenden – ein Gedanke, der in der gegenwärtigen Situation noch nicht jedem Teilnehmer zugänglich sein wird. Eine entsprechende Einleitung sollte dies gegebenenfalls andeuten (je nach Verfassung der Teilnehmer). Der Text setzt bewußt einen Schlußpunkt und sollte daher nicht zerredet werden. Er wird mit ruhiger Stimme vorgetragen.

Dicht am Strand stand eine merkwürdig geformte Palme. Sie war die größte reihum und wirkte trotzdem gedrungen mit ihrem mächtigen Stamm und den starken Blattfächern. Wenn man genau hinschaute, entdeckte man, daß vor allem die Krone des Baumes ihn von den anderen unterschied. Die Blätter neigten sich zur Mitte hin, und dort im Herzen der Palme, wo sonst die neuen, hellgrünen Triebe aus der Mitte des Stammes nach oben drängen, lag ein mächtiger Stein. Wie kam der Stein in das Herz der Palme?
Als die Palme noch ein ganz junger Schößling war, taumelte eines Tages ein fast verdursteter Mann heran und suchte vergeblich nach trinkbarem Wasser. Als er den hoffnungsvollen Palmschößling sah, packten ihn Neid und Zerstörungswut. Er nahm einen Stein und preßte ihn mitten ins Kronenherz des jungen Baumes, um ihn zu töten. Der Mann wurde von Kameltreibern gefunden. Die kleine Palme aber war fast begraben unter der Last des Steines, die Blätter geknickt, das Herz gequetscht, der Stamm kurz vorm Zerbrechen. Sie fühlte einen ungeheuren Schmerz und zunächst nichts als den Schmerz. Aber daneben regte sich eine erste kleine Welle von Kraft, die langsam gegen den Schmerz anwuchs und größer wurde. Die Palme versuchte nun, den Stein abzuwerfen. Sie bat den Wind, ihr zu helfen. Aber alle Anstrengung und Mühe waren umsonst; schon wollte sie sich in ihren frühen Tod fügen.
Doch dann nahm sie ihre Last an und bemühte sich trotz des Steines zu wachsen. Alle ihre Kraft steckte sie in ihre Wurzeln, die stärker und kräftiger wurden. Und eines Tages stießen sie auf eine Wasserader. Die Palme wurde immer mächtiger und größer. Man konnte sogar den Eindruck gewinnen, als ob sich die Fächerblätter liebevoll um den Stein herumlegten.

6. Textblätter und kleine Kieselsteine werden verteilt

Die Kieselsteine werden in einem Korb herumgereicht. Sie sollen an den Gedanken der Prägung und Formung durch zahlreiche Einflüsse erinnern.

7. Erinnerung an den nächsten Termin und Verabschiedung

Erfahrungsbericht

Das Thema »Stein« weckt besonders Assoziationen zu »Last« und »Verhärtung« und lenkt das Gespräch damit in diese Richtung. Dabei muß mit Schuldgefühlen gerechnet werden, die Teilnehmer belasten: Schuldgefühle gegenüber den Verstorbenen, die beispielsweise zum Inhalt haben, ihnen im Leben nicht gerecht geworden zu sein (ein übrigens häufig vorkommendes Thema). Geweckt werden können auch Erinnerungen an konkrete, meist schöne Erlebnisse mit dem Verstorbenen. Das Erspüren des Steins während der Meditation etwa (und auch später durch die Kieselsteine) kommt bei den Teilnehmern gut an, da es auch die sinnliche Seite anspricht. Die Geschichte »Die Steinpalme« kann Abwehrreaktionen hervorrufen. Sie betont vom Ende her und rückblickend betrachtet, daß Last/Belastung auch positiv prägen kann. Für manche Trauernden könnte dieser Gedanke – je nach Stadium der Trauerarbeit – zu früh kommen.

Drittes Treffen: Türen öffnen einen Weg

Ziel

Das dritte Treffen stellt den Mittelpunkt der ersten Trauerkreisrunde dar, eine Art Wendepunkt. Die Tür symbolisiert einen möglichen Neuanfang, obwohl sie – wie ein Stein – zunächst ein Hindernis darstellt, das den Weg versperrt. Dem jedoch, der den Durchgang wagt, eröffnet sich der Weg vielleicht ganz neu.

Methoden

- Kurze Türmeditation als thematischer Einstieg
- Stilleübung
- Malmeditation
- Gesprächsrunde
- Textlesung

Vorbereitungen

- **für jedes Treffen: siehe** »Begleitende Maßnahmen«, Seite 16f.

- **für dieses Treffen:**
  - Meditatives Malbild »Tür« in größerer Anzahl kopieren
  - Textblatt in größerer Anzahl kopieren
  - CD mit Waldgeräuschen für die Malmeditation auswählen
  - Zahlreiche Holzfarbstifte an den Plätzen der Teilnehmer bereitlegen

Ablauf

1. Ankommensrunde

2. Offizielle Begrüßung und Einstiegsimpuls

Der Einstiegsimpuls soll die Teilnehmer auf das Thema einstimmen und zugleich den Zusammenhang mit dem Oberthema »Weg« herstellen. Während bei »Stein« der Schwerpunkt auf den Gedanken der Verhärtung, der Belastung und des Stolperns lag, steht hier der Neuanfang im Vordergrund.

Wir sind heute auf der dritten Station unseres Weges angelangt. Nachdem wir diesen Weg begonnen haben, nahmen wir im vergangenen Treffen »Steine auf dem Weg« wahr. Heute stoßen wir auf eine deutlich sichtbare Grenze: ein Tor, eine Tür, die uns den Weg versperrt, durch die aber dieser Weg führt: dann, wenn man diese Tür öffnet und hindurchschreitet. Eine Tür hat etwas Geheimnisvolles. Sie stellt einen Übergang von einem Raum in den anderen dar. Aber die Schwelle muß erst einmal überschritten werden. Türen führen zu Menschen und in neue Situationen. Türen sind dazu da, daß man sie öffnet. Aber sie können auch verschlossen bleiben. Es gibt Türen, die nur für mich bestimmt sind und mir somit einen neuen Weg weisen oder mir diesen Weg versperren. In vielen Märchen tauchen Tore und Türen auf, die sich nur durch ein besonderes Wort oder einen besonderen Menschen aufschließen lassen. Wir wollen uns heute auf den Gedanken einlassen, daß unser Weg an einer Tür unterbrochen wird und durch diese Tür hindurch der Weg anders weiterführen kann.

3. Stilleübung

Die Stilleübung »Tür« führt tiefer in das Thema ein und versucht die emotionale Seite der Teilnehmer anzusprechen. Der Gedanke, daß wir ein Leben lang täglich Türen durchschreiten, kann positive Assoziation von der Tür als einem Übergang in die Zukunft wecken helfen. Im Zusammenhang mit dem Trauerprozeß spielt dabei auch eine Rolle, daß jedes Durchschreiten zunächst Überwindung kostet (»Tür« als Hindernis). Aber: Die Angst- und Stagnationsphase ist natürlich und muß und kann überwunden werden – ein ganz wesentlicher Gedanke.

(Meditative Musik wird eingespielt. Die Teilnehmer werden zu bequemer Sitzhaltung eingeladen. Die Gedanken zur Stilleübung werden vorgetragen:)

Wir sehen hier im Raum Türen, links und rechts. Sie sehen verschieden aus. Erinnern Sie sich daran, wie Sie in diesen Raum eingetreten sind! Der Weg, den Sie gingen, führte Sie an diese Tür. Sie öffneten sie und gingen in diesen Raum. Sie ließen die äußere Alltags-Welt für eine Weile hinter sich.
Wir schließen die Augen. Und wir versuchen uns zu erinnern: Durch welche Türen sind wir heute schon gegangen? Wie sahen sie aus? Was hat uns dahinter erwartet? War es erfreulich? War es anstrengend? War es bedrohlich? Oder war es gar beängstigend?
Haben wir diese Tür selbst aufgeschlossen? Wurde sie uns geöffnet? Wer hat sie uns geöffnet? Blieben für uns Türen verschlossen?
Wir gehen in Gedanken noch einmal durch alle Türen des heutigen Tages. Laufen auf den Wegen, die an diese Türen heran- und durch diese Türen hindurch weitergeführt haben. Zuletzt schreiten wir durch die Tür, die in diesen Raum führt. Wir kommen an. Wir setzen uns hin. Wir kommen zur Ruhe.

Wir lassen unsere Gedanken weiterschreiten. Wir sinnen nach über wichtige Türen, durch die wir in unserem Leben geschritten sind. In frühen Jahren, in der Kindheit: Wer waren die Menschen, die uns beim Durchgang durch diese Türen begegnet sind? Die uns begleitet haben?
Wir erinnern uns an Türen, die uns weiterführten im Leben. Viele dieser Türen waren uns vorgegeben. Später mußten wir selbst entscheiden: Welche Tür ist für mich die richtige – habe ich meine Tür gefunden?
Manche Türen blieben für uns verschlossen. Sie beendeten einen Weg, der im Licht begonnen hatte. Wir mußten unseren Weg ändern. Standen vor neuen Türen. Schritten durch sie hindurch. Der Gang durch diese Türen bereitete uns Angst, aber gab uns vielleicht auch Hoffnung. Wenn es uns gelungen war, die Schwelle zu überschreiten, dann erschien unser Weg plötzlich in einem anderen Licht.
Wie viele Türen liegen noch vor uns – wir haben es nicht in der Hand. Wir wissen es nicht. Aber wir wissen: Jeder Weg führt irgendwie weiter. Jede Tür, die ihn unterbricht, führt in einen neuen Raum und in ein anderes Licht.

(Musik langsam ausblenden.)

Langsam kommen wir mit unseren Gedanken wieder in unseren Raum zurück. Wir atmen tief durch. Wir strecken uns und lassen uns genügend Zeit, wieder hier zu sein.

4. Malmeditation (15–20 Minuten)

Die Malmeditation soll den während der Stilleübung aufgekommenen Gedanken und Gefühlen auf kreative Weise weiteren Raum geben. Hierzu wird das meditative Malbild in der Zahl der Teilnehmer verteilt. Die Teilnehmer sollen in Ruhe und möglichst langsam und ganz aus ihrem Gefühl heraus mit den bereitliegenden verschiedenfarbigen Stiften die Bilder ausmalen. Dazu spielt im Hintergrund Musik mit Waldgeräuschen.

5. Gesprächsrunde

Die Teilnehmer werden eingeladen, ihre Bilder zu zeigen.
Die Teilnehmer sollen sich über Eindrücke, Erinnerungen, Ängste und Hoffnungen äußern, die während der Stilleübung bei ihnen geweckt wurden. Sie sollten direkt auf Gefühle hin angesprochen werden, die zu den Farben und Formen während des Ausmalens geführt haben. Impulsfragen:

Welche Gefühle und Gedanken sind mir bei der Stilleübung und beim Ausmalen der Bilder gekommen?
Drückt das Bild meine derzeitige Situation aus?
Hat die vorausgegangene Stilleübung mein Bild mit beeinflußt?
Wo stehe ich gerade in meinem Trauerprozeß?

Weitere mögliche Fragen während des Gesprächs:

Inwieweit verbinde ich Türen bzw. Erinnerungen an Türen mit Menschen, die zu meinem Leben gehörten und gehören?
Inwieweit verbinde ich »Tür« eher mit Vergangenheit oder mit Zukunft?

Auf die Farben und Formen, mit denen die Teilnehmer ihre Bilder ausgemalt haben, sollte genauer eingegangen werden: zum Beispiel auf den möglichen Unterschied zwischen der Verwendung dunkler im Gegensatz zu hellen Farben in einem Bild. So können Farbflecken auf einer ansonsten dunklen Fläche Lichtblicke und Hoffnungsschimmer zumindest andeuten. Sofern dies thematisiert werden kann, bilden diese Hoffnungsschimmer einen wichtigen Punkt, der in den folgenden Treffen aufgegriffen werden könnte.

6. Schlußgeschichte: »Die Tür zum Leben«[4]

Die Geschichte wird vorgelesen und anschließend als Textblatt verteilt. Sie dient, wie die Geschichten in den Sitzungen zuvor, der Abrundung. Sie soll auch als durchaus positiv gemeinter Impuls für zuhause weiterwirken. Daß Türen unerwartet in eine neue Situation des Lebens führen können, auch wenn sich objektiv nichts verändert hat (wie in der Situation der Hinterbliebenen ja auch), kann einleitend erwähnt werden.

Zwei Mönche lasen in einem alten Buch, es gebe einen Ort auf dieser Welt, wo Himmel und

Erde einander berühren. Sie lasen weiter: Wer diesen Ort finde, der habe neues Leben gefunden. Da machten sie sich auf, diesen Ort zu suchen. Der Weg schien ungeheuer weit. Sie nahmen große Anstrengungen auf sich und konnten lange nicht finden, was sie suchten. Eine Tür sei dort, hatten sie gelesen, man brauche nur zu klopfen und einzutreten.
Endlich fanden sie doch, was sie suchten. Sie standen vor der Tür und klopften an. Bebenden Herzens traten sie ein. Und als sie aufschauten, standen sie zu Hause in ihrer Klosterzelle.

7. Erinnerung an den nächsten Termin und Verabschiedung

Erfahrungsbericht

Bereits während der Ankommensrunde finden Gespräche statt, die sich auf das persönliche Befinden nach dem vorangegangenen Trauerkreis beziehen. Ab dem dritten Treffen ist dies noch deutlicher der Fall als zuvor. Da einige Teilnehmer nach den vorausgegangenen Sitzungen eher »aufgewühlt« sein könnten, muß die dritte Sitzung die Möglichkeit bieten, zur Ruhe zu kommen. Die Stilleübung und die Malmeditation mit der Waldgeräusche-CD wirken in dieser Richtung. Sie werden allgemein als angenehm und entspannend empfunden. Das Bild der Tür weckt bei den Teilnehmern überwiegend unbeschwerte Erinnerungen an gemeinsame vergangene Zeiten mit den Verstorbenen – dies zeigt sich auch an der Farbigkeit der ausgemalten Meditationsbilder. Diese Farbigkeit wird nicht selten mit der Überzeugung in Verbindung gebracht, daß eine andere Welt (»Jenseits«) hinter dieser Tür liegt: eine Welt, in der es den Angehörigen gut geht.

Viertes Treffen: Spuren auf dem Weg entdecken

Ziel

Die Tür symbolisierte den Übergang zu etwas Neuem. Sie öffnete den Blick dafür, daß der Weg weitergeht, wenn auch anders als erwartet. Dies kann die bewußte Wahrnehmung von Spuren als Lebenszeichen ermöglichen, die ich in meinem bisherigen Leben als solche nicht erkannt habe. Die »Spuren« wirken damit zugleich auf mein jetziges und künftiges Leben hin. Diese Erfahrung hilft mir, die Zeichen auf meinem weiteren Weg wahrzunehmen und daraus Hoffnung für meine künftige Lebensrichtung zu gewinnen.

Methoden

- Spurenimpuls als thematischer Einstieg
- Meditative Textlesung mit Stillephasen
- Gesprächsrunde

Vorbereitungen

- **für jedes Treffen:** siehe »Begleitende Maßnahmen«, Seite 16f.

- **für dieses Treffen:**
  - Bild »Spuren im Sand« hochkopieren und als Impulsbild bereithalten
  - Geschichte »Spuren im Sand« bereithalten
  - Textblatt erstellen und in größerer Anzahl kopieren
  - Meditative Musik aussuchen

Ablauf

1. Ankommensrunde

2. Offizielle Begrüßung und Einstiegsimpuls »Spuren«

Die Teilnehmer betrachten still das Impulsbild »Spuren im Sand«. Das Bild sollte mit wenigen Worten beschrieben werden. Weiterführende Gedanken hierzu:

Jede Spur hat ihren Platz. Spuren zeigen einen Weg, den ich alleine zurückgelegt habe oder gemeinsam mit Menschen. Die Abdrücke können unterschiedlich tief sein. Wer sie zu lesen versteht, kann darin viel erkennen: ob sie leichten Schrittes entstanden sind oder durch mühsamen, von Lasten erschwerten Gang; ob sie durchgehend sind oder eine Unterbrechung aufweisen. Spuren haben einen Anfang. Sie haben eine Richtung. Das Ziel aber, in das sie weisen, bleibt offen.

3. Impulsgeschichte: »Spuren im Sand«[5] und anschließende Stillephase (5 Minuten)

Die Geschichte greift den Gedanken auf, daß Spuren symbolisieren, wie man vom bisherigen Leben geprägt wurde, womit sie ein unauslöschlicher Teil des Lebens sind. Damit beeinflussen sie zugleich das weitere Leben – und können von einer bestimmten Perspektive aus, rückblickend betrachtet, selbst als Hoffnungs- und Lebenszeichen gelten, was im Moment ihres Entstehens so nicht zu erkennen war.
(Musik einspielen. Anschließend die Geschichte vorlesen. Um ihr einen meditativen Charakter zu geben, sollte sie langsam vorgetragen werden. Außerdem sollte man nach jedem Abschnitt eine kleine Pause machen, in der nur die Musik spielt. Nach dem Vorlesen der Geschichte die Teilnehmer zu einigen Minuten der Stille einladen. Die Musik läuft weiter. Die Teilnehmer sollten zuvor auf diese Stillephase hingewiesen werden!)

Ein Mann hatte eines Nachts einen Traum. Er träumte, er würde mit Jesus am Strand spazierengehen. Am Himmel über ihnen erschienen Szenen aus seinem Leben. In jeder Szene sah er zwei Paar Fußabdrücke im Sand, eines waren seine, die anderen die von Jesus.
Als die letzte Szene vor ihm erschien, bemerkte er, daß sehr oft nur ein Paar Fußabdrücke im Sand zu sehen war. Er stellte ebenfalls fest, daß dies gerade während der Zeiten der Fall war, in denen es ihm am schlechtesten ging. Dies wunderte ihn. Und er fragte Jesus: »Du sagtest mir einst, du würdest jeden Weg mit mir gehen. Aber während der härtesten Zeiten meines Lebens ist nur ein Paar Fußabdrücke zu sehen. Wenn ich dich am meisten brauchte, hast du mich fallenlassen.«
Da antwortete ihm Jesus: »Mein lieber, lieber Freund, niemals würde ich dich fallenlassen. Die Fußabdrücke, die du gesehen hast während der Zeiten, in denen es dir am schlechtesten ging und du gelitten hast, waren meine Fußabdrücke: Da habe ich dich aufgerichtet und getragen.«

4. Gesprächsrunde

Die Gesprächsrunde geht zunächst auf die Gefühle und Eindrücke ein, die durch die Geschichte und die anschließende Stillephase entstanden sind. Einstiegsfragen:

Hat mir diese Geschichte etwas gesagt?
Welcher Satz, welches Bild aus der Geschichte spricht mich an/berührt mich?
Aber auch: Was stört mich am meisten an dieser Geschichte – warum?

Weiterführende Impulsfragen im Verlauf des Gesprächs:

Welche Spuren entdecke ich rückblickend in meinem Leben?
Welche Spuren fallen mir ein, wenn ich an meinen verstorbenen Angehörigen denke?
Welche gemeinsamen Spuren geben mir Kraft, wenn ich daran denke?
Was belastet mich und was trägt mich im Alltag und in meinem Alleinsein?

5. Wiederholung: Bildbetrachtung und Textlesung »Spuren im Sand«

Die Teilnehmer erhalten jeweils ein Blatt mit dem Spurenbild und der Geschichte.
(Meditative Musik einschalten.) Das Bild sollte noch einmal still betrachtet und anschließend die Geschichte erneut vorgelesen werden. Nach der Geschichte noch einige Minuten Stille zulassen und schließlich die meditative Musik langsam leiser werden lassen.

6. Erinnerung an den nächsten Termin und Verabschiedung

Erfahrungsbericht

»Spuren entdecken« läßt die Teilnehmer über die eigenen Lebensspuren bis hierher nachsinnen, um daraus neue Schritte zu wagen. Tatsächlich muß damit gerechnet werden, daß sich bei diesem Thema teils eher schmerzliche Rückblicke ergeben. Dabei kann die Geschichte »Spuren im Sand« auf einige Teilnehmer provokativ wirken: »Wo war denn dieser Gott, als der Tod meinen geliebten Mann wegriß?« Manche Teilnehmer könnten auch dazu neigen, in der Geschichte all jenes, was ihnen an Schwerem passiert ist, als Gottes Wille (»vorgeschriebenes Schicksal«, »Strafe«) zu betrachten. Es sollte hierbei darauf hingewiesen werden, daß die Geschichte an keiner Stelle von »Prüfung« oder gar »Strafe« erzählt, sondern – wie in vielen Stellen der Bibel auch – von einem Gott, der gerade in den existentiell schwierigsten Situationen des Lebens da ist und mitgeht, ohne diese Situationen moralisch zu werten. Grundsätzlich könnte die Geschichte zu einer Diskussion über Gottesbilder führen, was wiederum einen Blick dafür öffnen kann, wie sehr die Art der Trauer und der Umgang damit bei den einzelnen Teilnehmern von der religiösen Prägung und von kirchlichen Erfahrungen abhängen. Für den weiteren Prozeß im Trauerkreis (und mögliche Fragen, die sich dadurch in späteren Sitzungen ergeben) ist dies nicht unwesentlich.

Fünftes Treffen: Gleis und Schiene als ein Weg

Ziel

Das Thema »Spuren« führte zur Rückschau der Teilnehmer auf das Vergangene, das sie bis in die Gegenwart hinein beeinflußt und – sofern dieser Einfluß bewußt akzeptiert wird – Zeichen des (Weiter-) Lebens ist. »Gleis und Schiene« soll den Blick noch deutlicher nach vorne richten: Leben als etwas, das immer weitergeht. Bewußt wird dabei auf die assoziative Kraft des Bildes »Schiene« gesetzt: Auch wenn uns nicht danach zumute ist – unser Weg führt in irgendeiner Weise voran. Dies zwingt zur Auseinandersetzung mit dem bisherigen Leben: Weiterfahren im alten Gleis oder auf einer neuen Schiene? Sackbahnhof oder Zwischenstation? Im vorletzten Treffen wird damit zum ersten Mal während des Trauerkreises versucht, zu einer neuen Perspektive zu ermuntern.

Methoden

- Kurzer Einstiegsimpuls zu »Gleis und Schiene«
- Meditation
- Assoziationsübung zu »Gleis und Schiene« (mit Hilfe von Notizzetteln)
- Gesprächsrunde
- Abschließendes Gebet

Vorbereitungen

- **für jedes Treffen:** siehe »Begleitende Maßnahmen«, Seite 16f.

- **für dieses Treffen:**
  - Meditationsbild »Gleis« hochkopieren
  - Meditative Musik aussuchen
  - Textblatt mit Bild und Schlußgebet in größerer Anzahl kopieren
  - Kleine Notizzettel und Schreibstifte auf Tischen vor den Teilnehmern bereitlegen

1. Ankommensrunde

2. Offizielle Begrüßung und Einstiegsimpuls »Gleis und Schiene«

Bild und Impuls lenken die Teilnehmer auf das Thema hin. Im Zusammenhang mit der vorhergehenden Sitzung »Spuren« läßt sich auch »Schiene« als eine Art Spur bezeichnen. Der Schwerpunkt bei dieser »Spur« liegt nun aber darin, daß sie geradewegs und ohne Unterbrechung nach vorne führt – ein Symbol für Leben, das weitergeht und neue Perspektiven eröffnen kann, vorausgesetzt, das Gleis führt in keine Sackgasse.

Die Teilnehmer betrachten das Meditationsbild »Gleis«. Dazu läuft meditative Musik – kurze Stille. Die Blicke der Teilnehmer werden mit wenigen Worten auf die Einzelelemente des Bildes gelenkt. Das Bild wird kurz beschrieben.

3. Stille Musik und Kurzmeditation (10–15 Minuten)

Die Hintergrundmusik spielt leise weiter. Die Teilnehmer sollen sich im folgenden auf den Gedanken der Schiene als Bild für das Leben einlassen. Hierzu werden sie eingeladen, sich bequem hinzusetzen, die Augen zu schließen, still zu werden und für ein paar Sekunden der Musik zuzuhören. Dann wird der Text ruhig vorgetragen:

Schiene. Gleis. Auf einer Schiene entlangfahren. Ein Gleis in eine bestimmte Richtung stellen. Schienen und Gleise sind Wege. Wege, die nach vorne führen: dem Horizont entgegen. In die Ferne. In die Weite. Sie führen aus der Gegenwart fort, die häufig zu eng geworden ist. Sie können aber auch in eine Sackgasse führen, in der es nicht mehr weitergeht.
Schienen führen in eine Richtung – ein Weg ohne Rückkehr?
Verschiedene Gleise auf einem Bahnhof führen in unterschiedliche Richtungen. Hierzu müssen Weichen gestellt werden. Und eine kleine, für die Reisenden kaum wahrnehmbare Weichenstellung kann

die Richtung völlig verändern. Wer aber stellt die Weichen? Warum stellt er die Weichen? Was wäre, wenn die Weichen so gestellt würden, daß ich als Reisender es nicht ahne und das Ziel ein ganz anderes wäre als zuvor geplant?
Menschen steigen in viele Züge. Sie gehen im Bahnhof durch eine lange Unterführung. Ein breiter Strom. An jedem Treppenaufgang zu einem Bahnsteig biegen Menschen ab und sind plötzlich verschwunden. Sie gehen zu ihren Zügen, die auf ihren Gleisen für sie bereitstehen. Ich laufe die Unterführung weiter. Und merke, daß der Kreis der Personen, die mich begleiten, immer kleiner wird. Bis auch ich abbiege. Zu meinem Zug, der auf mich wartet.
Züge halten an Bahnhöfen: Menschen steigen aus – ihre Endstation? Manche steigen in andere Züge, die in eine ganz andere Richtung fahren. Neue Reisende steigen in meinen Zug, der weiterfährt, erst langsam, dann schneller. Ein Blick aus dem Fenster: Landschaften rasen vorbei. Menschen, die an Bahnschranken stehen. Häuser, die einsam am Waldrand stehen. Ich sitze im Zug, eile auf den Schienen irgendwohin. An mein Ziel. An mein Ziel? Kenne ich mein Ziel überhaupt? Habe ich überhaupt ein Ziel? Oder fahre ich ohne Ziel einfach drauflos, in der Hoffnung, an irgendein Ziel zu gelangen?

(Anschließend die Musik ein wenig lauter drehen, weiterspielen lassen und dann beenden.)

4. Assoziationsübung

Die Assoziationsübung soll die Teilnehmer anregen, über ihr Leben und das, was es belastet, aber auch trägt, nachzudenken. Der Blick soll dabei nach vorne gelenkt werden: Schiene – eher ein Weg in eine offene Zukunft als eine Sackgasse.
Den Teilnehmern wird die folgende Übung erklärt: Sie sollen auf den bereitliegenden Notizzetteln in Ruhe Assoziationen zu »Schiene und Gleis« notieren. Hilfreich ist dabei, das Meditationsbild nochmals kurz betrachten zu lassen sowie Impulsfragen zu stellen:

Welche Gedanken und Gefühle weckt dieses Bild bei mir?
Ich sitze im Zug: Weiß ich, wohin mein Zug fährt?
Wer oder was hat die Weichen in meinem Leben gestellt – wer stellt die Weichen?
Habe ich manchmal das Gefühl, daß es nicht mehr weitergeht – wie in einer Sackgasse?
Habe ich Hoffnung, aus der Sackgasse herauszukommen – was macht mir Hoffnung?
Was hat mich aus der Sackgasse geführt?
Habe ich Vertrauen, daß mein Zug an einem Ziel ankommt, ohne dieses Ziel zu kennen?
Wie könnte mein Ziel aussehen?

5. Gesprächsrunde

Die Impulsfragen werden wiederholt.
Die Teilnehmer werden eingeladen, ihre Gedanken vorzutragen. Das folgende Gespräch richtet sich nach den Äußerungen, die sich hieraus ergeben. Vorschlag: Das Gespräch in drei Schwerpunkte gliedern:
- *Welche Gefühle und Gedanken ergeben sich beim Bild »Schiene und Gleis«?*
- *Wo sind die Sackgassen in meinem Leben, die mir das Gefühl geben, daß ich festsitze?*
- *Wer oder was stellt meine Weichen? Was führt mich aus der Sackgasse heraus? Wohin, hoffe ich, führt mich der Weg auf meiner Schiene?*

6. Gebet[6]

Abschließend wird ein Gebet vorgelesen. Es dient zur Abrundung. In ihm sind ein Gedicht und ein Segensgebet zusammengefaßt: Die Ausrichtung nach vorne, die sich aus dem Bild der »Schiene« ergibt, wird mit dem Segen positiv verstärkt. Das Gebet wird anschließend mitgegeben.

Du bist noch unterwegs.
Warum sollte die derzeitige Station die Endstation sein?
Lasse dich nicht in einen Sackbahnhof schieben!
Vertraue darauf, daß du noch eine Wegstrecke vor dir hast.
Es gibt noch so viel zu entdecken.
Möge dir auf diesem Weg, der vor dir liegt,
die Straße entgegeneilen,
möge der Wind immer in deinem Rücken sein.
Möge die Sonne warm auf dein Gesicht scheinen
und der Regen sanft auf die Felder fallen.
Und bis wir uns wiedersehen,
halte Gott dich in Frieden in seiner Hand.

7. Erinnerung an den nächsten Termin und Verabschiedung

»Hausaufgabe« an die Teilnehmer: sich Gedanken über die bisherigen Trauerkreisrunden machen.

Erfahrungsbericht

Das Thema »Gleis und Schiene« knüpft nahtlos an das vorhergehende Thema »Spuren« an. Die Erfahrungen aus dem vorausgegangenen Treffen werden in der Gesprächsrunde aufgegriffen: »Tod als schicksalhafte Vorherbestimmung«; »strafender Gott«. Dem kann der positive Aspekt des neuen Bildes bewußt entgegenhalten werden: Das Leben geht voran und somit weiter. Das Meditationsbild kann auch negative Assoziationen wecken, dann nämlich, wenn darin »eher Ende als Anfang« gesehen wird.

Sechstes Treffen: Blumen blühen auf dem Weg

Ziel

Blumen sind ein unzweideutiges Bild für das Leben. Sie blühen auf allen Wegen. Am Ende dieses Trauerkreises sollen sie den Teilnehmern zeigen, daß auch in schier aussichtslosen Situationen Lebenswertes gewachsen ist, das weiterwirkt: Lebenszeichen der Hoffnung, die in den vergangenen Monaten aufgeblüht sind.

Methoden

- Kurze Blumen-Meditation als thematischer Einstieg
- Stille Reflexion des Trauerkreises bei Ausmalen des Mandalas und Meditationsmusik
- Gesprächs- und Reflexionsrunde
- Schlußgeschichte

Vorbereitungen

- **für jedes Treffen:** siehe »Begleitende Maßnahmen«, Seite 16f.

- **für dieses Treffen:**
  - Große Rose auf Tisch in der Mitte stellen
  - Blumen-Ausmalbild in größerer Anzahl kopieren
  - Verschiedenfarbige Holzfarbstifte auf Tischen bereitlegen
  - Geschichte »Die Rose« bereithalten
  - Eventuell Rosen in Anzahl der Teilnehmer besorgen
  - Meditative Musik aussuchen
  - Textblatt mit Geschichte und kleinem Blumen-Ausmalbild mehrfach kopieren

Ablauf

1. Ankommensrunde

2. Offizielle Begrüßung und Einstiegsimpuls »Blume«

Meditative Musik (leise). Die Teilnehmer werden eingeladen, die Rose in der Tischmitte zu betrachten. Gedanken:

Eine Blume blüht auf dem Weg. Der Weg, den wir zurückgelegt haben, war zunächst nur steinig, voller Hindernisse, ohne klares Ziel. Vieles auf dem weiteren Weg hat mich geprägt und mein Leben beeinflußt. So wie auch vieles das Entstehen dieser Blume beeinflußt hat: Wind, Sonne, Regen, Kälte.

3. Phantasiereise: Blumen blühen

Die folgende Phantasiereise faßt den bisherigen Trauerkreis zusammen. Noch einmal sollen die Teilnehmer die einzelnen Elemente auf dem Weg nacherleben. Die Wechselhaftigkeit, die hellen wie die dunklen Seiten, die darin zum Ausdruck kommen, werden noch einmal deutlich – allerdings hier nun mit der positiven Vision, daß das Leben trotz allem stärker ist als der Tod. (Im Hintergrund spielt leise Meditationsmusik. Die Teilnehmer werden eingeladen, sich bequem hinzusetzen, die Augen zu schließen und sich auf die Phantasiereise einzulassen:)

Ich gehe auf einem Weg. An Häusern entlang, deren Fenster mich teilnahmslos anstarren. Passanten eilen an mir vorbei. Ich gehe weiter auf dem Weg. Er ist grau und mit Steinen übersät. Kleinen Steinen, die knirschen, wenn ich auf sie trete. Großen Steinen, um die ich herumlaufe.

Ich gehe vorbei an Türen. Viele sind für mich verschlossen. Manche traue ich mich nicht zu öffnen. Durch eine von ihnen aber trete ich ein. Neue Räume eröffnen sich mir. Ich sehe die Dinge in neuem Licht.

Ich gehe weiter auf meinem Weg und erkenne Spuren des Alltags: Fußspuren. Weggeworfenes Papier. Verwelkte Blätter. Pfützen aus abgestandenem Regenwasser, in denen sich die Wolken spiegeln.

Ich bleibe stehen. Ich sehe, wie zwischen zwei Steinen eine Blume herauswächst. Gelb sind ihre Blätter, mutig hebt sie ihr Haupt über das kalte Grau der Steine. Grüne Blätter haben sich aus ihrer Seite geschoben, stützen die Blume in ihrem Wachstum.

Hier, wo Leben fern und der Tod stärker als das Leben scheint, trotzt sie der Kälte. Zwingt als winziger Farbtupfer alle Blicke auf sich und entmachtet damit das Grau ringsum. Aus der Dunkelheit heraus, zwischen Steinen hindurch, über graues Pflaster hinweg, den Kopf erhoben, Farbe gewonnen, die Blätter nach außen gestellt – bejahe ich das Leben.

4. Stille Reflexion während des Ausmalens der Blumenbilder (15–20 Minuten)

Blumen-Malbilder[7] werden verteilt. Die Teilnehmer sollen sie in Ruhe und bei meditativer Musik ausmalen. Diese Übung soll ihnen dabei helfen, gefühlsmäßig und gedanklich den Trauerkreis zu reflektieren.

Impulsgedanken:

Aus dem Grau der Steine blüht eine Blume: Was hat mir Kraft gegeben in den letzten Wochen?
Was hat mich im Trauerkreis besonders angesprochen?
Was nehme ich mit?

5. Gesprächs- und Reflexionsrunde

Musik abstellen. Die Impulsfragen werden wiederholt. Die Teilnehmer werden eingeladen, ihre Bilder zu zeigen, um mit deren Hilfe ins Gespräch einzusteigen:

Welche Farben wurden verwendet?
Hat sich in der Farbwahl etwas verändert gegenüber früher?

Weiterführende Fragen während des Gesprächs:

Wie geht es mir jetzt?
Wie geht es mir im Vergleich zum Beginn des Trauerkreises?

Im Mittelpunkt der Gesprächsrunde sollten folgende Fragen stehen:

Was hat mich im Trauerkreis besonders angesprochen?
Was nehme ich mit?
Was liegt noch ungelöst vor mir?

6. Schlußgeschichte: »Die Rose«[8]

Die Geschichte dürfte vielen Teilnehmern bekannt sein. Sie trifft in ihrer Intensität und mit ihrer Kernaussage das Thema dieses letzten Treffens: daß Blumen – inmitten einer Umgebung oder Situation, aus der das Leben gewichen zu sein scheint – ein Zeichen des Lebens sind. Die Wirkung der Geschichte wird verstärkt, wenn am Ende des Treffens allen Teilnehmern außer dem Text eine rote Rose geschenkt wird.

Während seines Pariser Aufenthaltes ging Rilke täglich um die Mittagszeit in Begleitung einer jungen Französin an einer alten Bettlerin vorbei. Stumm und unbeweglich saß die Frau da und nahm die Gaben der Vorübergehenden ohne Anzeichen von Dankbarkeit entgegen. Der Dichter gab ihr zur Verwunderung seiner Begleiterin, die selbst immer eine Münze bereit hatte, nichts. Vorsichtig darüber befragt, sagte er: »Man müßte ihrem Herzen schenken, nicht ihrer Hand.«
An einem der nächsten Tage erschien Rilke mit einer wundervollen, halberblühten Rose. Ah, dachte das Mädchen, eine Blume für mich! Aber er legte die Rose in die Hand der Bettlerin. Da geschah etwas Merkwürdiges: Die Frau stand auf, griff nach seiner Hand, küßte sie und ging mit der Rose davon.
Eine Woche lang blieb sie verschwunden. Dann saß sie wieder auf ihrem Platz, stumm, starr wie zuvor. »Wovon mag sie die ganzen Tage über gelebt haben?« fragte die Begleiterin. »Von der Rose!« antwortete Rilke.

7. Hinweis auf den zweiten Trauerkreis; Verabschiedung

Die Geschichte wird unter den Teilnehmern verteilt. Der Termin des ersten Treffens der neuen Trauerkreisrunde »Baum« wird bekanntgegeben. Die Teilnehmer werden eingeladen, je nach Bedarf wieder daran teilzunehmen.

Erfahrungsbericht

Das Thema »Blumen blühen auf dem Weg« mit seiner Phantasiereise und dem Mandala-Malen bildet einen entspannenden Schlußpunkt, der von den Teilnehmern als angenehme Abrundung des Trauerkreises wahrgenommen wird. Auf den gesamten Trauerkreis hin betrachtet, wird es als wertvoll angesehen, daß man mit Gleichgesinnten sprechen und somit Verständnis für das eigene Schicksal finden kann – dies um so mehr, als in der Regel in der Familie und der Verwandtschaft schon nach kurzer Zeit nicht mehr darüber geredet werden konnte. Die Teilnehmer sehen es als bestärkend an, daß sie im Trauerkreis lernen konnten, selbstbewußter über ihre eigene Trauer zu sprechen. Ein anderer Aspekt ist, daß die Trauererfahrung anderer bei einigen Teilnehmern zur Relativierung ihrer eigenen Situation beiträgt. Im nachhinein werden die meisten Symbole und Geschichten als anregend empfunden. (»Sie helfen die Gedanken öffnen.«) Als wichtiger Teil erweist sich die meditative Musik – auch wenn sie teils traurig gestimmt hat (oder zu haben scheint).

Trauerkreis »Baum«

Bäume stehen am Weg. Sie sind ein Teil des Weges. Zugleich ist »Baum« wie »Weg« ein Symbol für das Leben. In gewissem Sinn setzt der Trauerkreis »Baum« damit den ersten Trauerkreis inhaltlich fort, ohne ihn allerdings vorauszusetzen. Das Thema bietet sich gerade für die Herbst- und Winterzeit an: Herbstblätter, Wurzeln, neue Triebe und Jahresringe stehen als Unterthemen symbolisch für diese Jahreszeiten.

Erstes Treffen: **Baum**
Ein Baum ist äußeren Einflüssen wie Wind, Regen, Dunkelheit und Sonnenstrahlen ausgeliefert und wird dadurch mitgeformt. Er ist damit ein Symbol für den Menschen, der dieses Ausgeliefert-Sein in Zeiten der Finsternis ebenso spürt, wie er durch Zeichen des Lichts und der Sonne wieder Hoffnung erfahren kann.

Zweites Treffen: **Blätter im Herbst**
Blätter sind äußerlich sichtbare Teile des Baumes. Über sie wird das Sonnenlicht aufgenommen, in Nahrung und damit Leben verwandelt. Gleichzeitig wird an ihnen die Vergänglichkeit des Lebens deutlich: Wenn das Sonnenlicht im Herbst schwächer wird und die Blätter sich verfärben, wird deutlich, daß Sterben und Tod zum Leben gehören.

Zwischenstation: **Trauerkreisandacht**
Die dunkler werdenden Tage des Spätherbstes sensibilisieren die Teilnehmer für ihre Verlustsituation. Sie verstärken das Gefühl des Ausgeliefert-Seins und der Einsamkeit – wie bei einem Baum, der den Stürmen des Herbstes wehrlos ausgeliefert ist. Gerade für die Zeit um »Allerheiligen« und »Allerseelen« stellt diese Trauerkreisandacht daher ein Angebot dar.

Drittes Treffen: **Baum in der Dunkelheit**
Das Treffen greift auf Elemente der »Trauerkreisandacht« zurück. Es betont den Gegensatz zwischen Licht und Dunkelheit. Dabei geht es vor allem um den Gedanken: Woher kommt für mich Licht in der Nacht?

Viertes Treffen: **Neuer Trieb aus altem Baumstumpf**
Neues Leben entsteht dort, wo Hoffnung (Licht) ist. Die adventliche Symbolik dieses Themas weist auf Weihnachten (neues Leben als Hoffnung) hin und weckt Gefühle und Erinnerungen.

Fünftes Treffen: **Jahresringe**
Jahresringe stehen für die Spuren und Prägungen in einem Leben. Sie fassen dieses Leben zusammen, ein Leben, das sich um eine Mitte herum zentriert. Wo liegt meine Mitte? Wie ist sie betroffen?

Sechstes Treffen: **Quelle**
Die Bäume nähren sich aus Quellen. Oft müssen sie ihre Wurzeln tief in den Boden senken, um an Wasser zu gelangen. Auch für den weiteren Lebens- und Trauerweg muß Kraft getankt werden – über den Trauerkreis hinaus. Wo sind meine Quellen? Wie kann ich sie anzapfen?

Erstes Treffen: Baum

Ziel

Ein Baum ist ein Organismus, der dem Leben in vielfacher Weise ausgesetzt ist und daran leiden, darin aber auch stärker werden kann; der die Elemente zum Leben braucht, zugleich selber lebensspendend ist (Bäume als Sauerstoff-Lieferanten). Während dieses ersten Treffens sollten sich die neuen Teilnehmer darüber klar werden, ob sie am gesamten Trauerkreis teilnehmen möchten.

Methoden

- Meditative Bildbetrachtung mit Hintergrundmusik
- Einführende Impulsgedanken
- Gesprächs-, Vorstellungs- und Erfahrungsrunde
- Gedichtlesung

Vorbereitungen

- **für jedes Treffen:** siehe »Begleitende Maßnahmen«, Seite 16f.

- **für dieses Treffen:**
  - Bonsaibaum in die Mitte des Tischkreises stellen; dies gilt auch für die folgenden Sitzungen dieser Trauerkreisrunde: damit soll der thematische Zusammenhang der einzelnen Treffen verdeutlicht werden
  - Motivkarten mit verschiedenen Baumbildern werden an der Wand befestigt
  - Notizzettel und Bleistifte in entsprechender Anzahl bereitlegen
  - Textblatt »Der Baum« vorbereiten und in größerer Anzahl kopieren
  - Meditative Musik auswählen
  - »Trauerkreisregeln« (S. 18) in größerer Anzahl kopieren

Ablauf

1. Ankommensrunde (etwa 30 Minuten)

Bei Hintergrundmusik, Kaffee und Kuchen lernen sich die Teilnehmer ungezwungen kennen.

2. Offizielle Begrüßung und Vortragen der »Trauerkreisregeln«

Die Begrüßung setzt den »Anfangspunkt« für den inhaltlichen Teil. Hierzu sollte die Musik ausgeschaltet werden. Mit den Trauerkreisregeln werden Inhalt, Absicht, Rahmen, Ablauf und Gesprächsregeln des Trauerkreises erklärt.

3. Gedanken zum Thema

Die Teilnehmer werden auf den Bonsaibaum in der Tischmitte hingewiesen. Sie sollen ihn kurz betrachten.
Mit den folgenden Gedanken soll ihnen das Thema dieses Trauerkreises nahegebracht und im kurzen Zusammenhang dargestellt werden. Auch der Bezug zum Thema »Weg« sollte mit wenigen Worten angedeutet werden:

Der Baum ist ein Teil des Weges, ein markantes Zeichen auf dem Weg. Ein Baum braucht bestimmte Elemente zum Leben: Wasser, Erde, Sauerstoff, Sonnenlicht. Gleichzeitig ist er all diesen Elementen ausgesetzt.
Heftiger Sturm kann einen Baum zerbrechen lassen oder ihn entwurzeln. Er kann ihn aber auch stärken – indem er diesem Sturm trotzt.
Bäume brauchen Sonne. Zugleich schützen sie vor der Sonne.
Bäume brauchen Sauerstoff. Zugleich spenden sie Sauerstoff.
Manchmal sehen alte Bäume aus wie alte Menschen: gezeichnet von dem, was sie in all den Jahren erlebt haben. Ihre Rinde ist gefurcht wie faltige Haut. Ihre Blätter sind durchsichtiger geworden. In ihrem Inneren legen sie Jahresringe an.
Ihre Wurzeln sind noch tief im Boden. Und manchmal wächst auch aus alten Bäumen ein neuer Trieb.

4. Meditatives Betrachten der Baum-Bilder (10–15 Minuten)

Dieser Teil öffnet die Teilnehmer emotional für das Thema. Mit Hilfe der Baum-Bilder sollen sie ihre Trauer darstellen können und sich zugleich auch über die Motivation für die Teilnahme klar werden.
Die Teilnehmer werden eingeladen, eines der Baum-Bilder an der Wand auszusuchen. Dazu läuft meditative Musik. Die Teilnehmer sollen das jeweilige Bild in aller Stille und für sich betrachten und auf sich wirken lassen. Sie können ihre Gedanken auch notieren: Blätter und Stifte liegen bereit. Zur Vertiefung dienen folgende Gedanken:

Ich betrachte mein Bild ganz ruhig.
Ich lasse es auf mich wirken.
Gedanken, Erinnerungen und Gefühle, die dabei hochkommen, lasse ich zu.
Spricht mich das Bild an?
Vielleicht erinnert es mich an ein gemeinsames Erlebnis mit dem Menschen, den ich verloren habe.
Spricht mich das Bild nicht an?
Wie geht es mir im Moment? Wie geht es mir im Vergleich zu früher?

5. Persönliche Vorstellungs- und Gesprächsrunde (40–50 Minuten)

Die Teilnehmer stellen sich mit Namen vor. Sie können ihr Baum-Bild zu Hilfe nehmen, um damit zu beschreiben, wie sie sich gerade fühlen und weshalb sie am Trauerkreis teilnehmen. Dies ist gerade auch dann möglich, wenn der auf dem Bild dargestellte Baum das momentane Befinden nicht zum Ausdruck bringt – darauf, daß dies der Fall sein kann, sollten die Teilnehmer hingewiesen werden. Dabei können die unter Punkt 4 geäußerten Gedanken und Fragen wiederholt werden (auch dann, wenn das Gespräch nur stockend verläuft).

6. Schlußgedicht: »Der Baum«[1]

Das Gedicht wird mit ruhiger Stimme vorgetragen. Es soll zur Abrundung dienen und einen leicht meditativen Schlußpunkt hinter die in der Regel für die Teilnehmer eher aufwühlende Vorstellungs- und Gesprächsrunde setzen. Das Gedicht wird anschließend an die Teilnehmer verteilt.

Oben am Berghang,
im Gebirge, ein Baum.
Fest gegründet, von
der Sonne beschienen,
blickt er ins Tal.
Doch Regen und
Unwetter spülen
Boden hinweg, untergraben den Abhang.
Erde, Geröll, Steine
und Pflanzen –
eine riesige Lawine
stürzt hinunter ins Tal.
Und der Baum?

Den Boden verloren, die Wurzeln zerrissen. Äste wie verzweifelt krallende Finger ragen starr in die Luft, nur an einer Stelle noch Halt. So neigt sich der Baum langsam zu Tal. Wie lange noch? Wann wird er stürzen?

Doch es kommt anders. Da, wo nur rauhes Gestein, kein nährender Boden ist, finden die Wurzeln hier einen Vorsprung, dort einen Riß, eine Fuge zwischen den Steinen, ein wenig herangewehte Erde, stützendes Geflecht.

Und was zu verdorren oder zu stürzen schien, kann wieder wachsen und grünen. Oben am Hang, der Baum im Gebirge, knorrige Wurzeln, eine Biegung im Stamm, der Sonne entgegen.

7. Terminabsprache; Verabschiedung

Datum und Uhrzeit für die künftigen Trauerkreissitzungen werden ausgemacht bzw. bekanntgegeben, sofern sie schon zuvor feststanden. Es empfiehlt sich, eine Liste mit allen Terminen an die Teilnehmer auszugeben. Die Trauerkreisregeln werden verteilt.

Erfahrungsbericht

Das Mitmachen von Teilnehmern des ersten Trauerkreises erweist sich als fruchtbar für beide Gruppen und für die Dynamik der Sitzung: Die bisherigen Teilnehmer helfen den neu hinzugekommenen durch ihre Erfahrungen, die sie mit dem ersten Trauerkreis gemacht haben. Eine dieser Erfahrungen ist, daß am Ende des Trauerkreises das persönliche Befinden besser ist als zu Beginn, wo noch ein weiter Weg vor ihnen liegt. Diese »Erfolgsaussicht« kann die neuen Teilnehmer zum Weitermachen ermutigen. Die alten Teilnehmer erkennen durch die Situationsschilderung der neu hinzugekommenen wiederum, daß sie wirklich ein Stück zurückgelegt haben. (»So wie Ihnen ging es mir vor vier Monaten. Ich weiß aber jetzt, daß dies normal ist.«) Die Baummotive berühren die Teilnehmer stärker als die Wegmotive im vorausgegangenen Trauerkreis. Vielleicht, weil sie mit ihrer Gestalt und ihrer jeweiligen Einbindung in eine spezielle Umgebung dem Menschen ähnlich erscheinen?

Zweites Treffen: Blätter im Herbst

Ziel

Blätter sind markante Teile eines Baumes. An ihrem Welken wird die Vergänglichkeit des Lebens in einer Jahreszeit, in der die lebensspendende Kraft des Sonnenlichts nachläßt, symbolhaft deutlich. Der Kreislauf der Jahreszeiten weist aber zugleich darauf hin, daß Vergänglichkeit ein Teil des Lebens ist.

Methoden

- Einstiegsimpuls »Herbstblatt«
- Blatt-Meditation
- Gesprächsimpuls und Gesprächsrunde
- Textbetrachtung

Vorbereitungen

- **für jedes Treffen:** siehe »Begleitende Maßnahmen«, Seite 16f.

- **für dieses Treffen:**
  - Bonsaibaum in die Mitte stellen
  - Herbstblätter auf dem Tisch verteilen
  - Geschichte »Das letzte Blatt« in Anzahl der Teilnehmer kopieren

Ablauf

1. Ankommensrunde

2. Offizielle Begrüßung; Einstiegsimpuls »Herbstblatt«

Der Impuls öffnet die Teilnehmer für das Thema »Blätter im Herbst«. Dabei geht es zunächst bewußt nur um die Wahrnehmung: Der Transfer (das Herbstblatt als Symbol für die Vergänglichkeit des Lebens) erfolgt in einem späteren Schritt. Die Teilnehmer werden auf die Herbstblätter auf dem Tisch hingewiesen. Gedanken dazu:

Ich betrachte die Herbstblätter auf meinem Tisch.
Ich wähle mir eines aus.

Ich sehe seine Farben: Sie fließen ineinander über; sie haben das Blatt vollständig verfärbt. Adern treten auf dem Blatt hervor. Sie verzweigen sich, werden immer feiner. Ich rieche den Duft der Blätter. Erinnerungen, Gefühle, Gedanken steigen in mir hoch. Ich lasse es zu!
Welche Erinnerungen, welche Gedanken, welche Gefühle kommen in mir hoch?
Entdecke ich auch Neues?

3. Blatt-Meditation (10–15 Minuten)

Die stille Blattmeditation soll die Teilnehmer emotional noch stärker ansprechen. Die dabei auftretenden Gefühle sollen helfen, von der reinen Wahrnehmungsebene ganz auf die Ebene des persönlichen Empfindens zu gelangen. Die Meditation besteht aus drei Teilen: Der stillen Betrachtung eines Herbstblattes folgt das Vortragen meditativer Gedanken, die bereits diesen Übergang aufgreifen; eine zweite stille Betrachtung läßt die Meditation ausklingen. Meditative Musik wird eingespielt. Die Teilnehmer werden eingeladen, das bereits während des Einstiegsimpulses ausgewählte Blatt in aller Ruhe für sich zu betrachten.
Die Fragen aus dem Impuls können noch einmal wiederholt werden.
Die Musik wird etwas leiser gestellt. Einige meditative Gedanken werden vorgetragen:

Erinnerungen sind in mir hochgekommen. Gedanken. Das Blatt auf dem Tisch, in meiner Hand, ist ein Teil der Welt draußen: Dort fallen die Blätter von den Bäumen.
Das Blatt ist ein Symbol für alles Vergängliche, für den Tod. Es kann auch ein Symbol dafür sein, sich fallengelassen zu fühlen; allein zu sein. Kein Aufbäumen hilft mehr. Die Kräfte, die mich noch am Stamm des Baumes halten, werden schwächer. Schließlich reißt mich der Wind los.
Das Blatt ist auch ein Symbol für das Weiterleben: Blätter, die blühen, grün werden und sich leuchtend färben, zeigen, daß das Leben vorwärts drängt und nicht stillsteht.
»Herbst des Lebens« ist ein bekannter Begriff. Er steht für das fortgeschrittene Leben.
Die Blätter im Herbst laden uns dazu ein, über das Sterben der Natur nachzusinnen.
Aber ist es überhaupt ein Sterben? Ist der Herbst des Lebens nicht ein Teil des Lebens?
Ein Blatt, das vom Baum fällt; fallengelassen; alleingelassen – sich fallen lassen; lassen; gelassen; zulassen, daß es Herbst ist und daß er ein Teil des Lebens ist. Gedanken an den Herbst des Lebens zulassen – Gedanken an den Tod zulassen.

Die Musik wird wieder etwas lauter gestellt, während die Teilnehmer in Ruhe ihr Blatt weiterbetrachten. Dann wird die Musik langsam ausgedreht.

4. Gesprächsrunde

Die Gesprächsrunde gibt den Teilnehmern erneut die Gelegenheit, über ihre derzeitige Situation und ihr Befinden zu sprechen. Die Meditation sollte zunächst durch die entsprechenden Einstiegsfragen »aufgefangen« werden:

Wie geht es mir im Augenblick?
Welche Erinnerungen, welche Gedanken, welche Gefühle sind während der Meditation in mir hochgekommen?

Weiterführende Fragen:

Welche Gefühle weckt das Thema »Herbst« in mir?
Spricht mich das Herbstblatt an?
Wie geht es mir heute im Vergleich zu vor drei Wochen?

Und, sofern es in der Runde möglich ist:

Wie geht es mir, wenn ich an den eigenen Herbst des Lebens, den eigenen Tod denke?

5. Schlußgeschichte: »Das letzte Blatt«[2]

Die Geschichte wird vorgelesen. Sie soll dieses Treffen abschließen, ohne daß sie analysiert oder kommentiert wird. In dieser Geschichte wird der naturgemäße Zusammenhang zwischen Vergänglichkeit bzw. Sterben und neuem Leben angesprochen, daß der Herbst Teil eines Zyklus ist, ohne den neues Aufblühen nicht möglich wäre. Durch die Hauptperson in der Geschichte wird die Zusammenschau der verschiedenen Ebenen geleistet. Am Ende keimt Hoffnung auf: zwar nur zart, aber als kleines Zeichen dafür, daß der Tod nicht die letzte Macht hat.

Nun lag sie schon seit fast drei Monaten im Bett. Mitten im Sommer hatte sie diese heimtückische Krankheit plötzlich überfallen. In den ersten Wochen hatte das satte Grün des Baumes direkt vor ihrem Fenster einen schützenden Schirm vor die gleißende Julisonne gespannt. Tausendfach zitterte und blitzte das Licht durch die Blätter, und der Tanz ihrer Schatten auf der Bettdecke und an der Wand hatte die dumpfe Hitze des Krankenzimmers erträglicher gemacht.
Als der Sommer dann langsam Abschied nahm, veränderten sich auch die Blätter am Baum. Unmerklich fast. Vielleicht nahm das niemand so wahr wie sie. Härter und fester schienen die Blätter jetzt, ohne jene spielerische Leichtigkeit, um die sie sie so oft beneidet hatte. Es war, als hätten sich die Blattadern geweitet und als wollten sie kraftvoll das Grün durchlaufen, um es am Leben zu erhalten. Aber die junge Frau im Bett spürte genau: Die dunklere Farbe der Blätter und die größere Spannung, mit der sie sich kaum sichtbar um ihre Längsachse zusammenzogen und entschlossener an den Ästen festzuklammern schienen, waren nicht Zeichen des Lebens.

Und sie hatte recht. Wenige Tage später entdeckte sie, wie einige Blätter in ihren äußersten Spitzen heller wurden. Das war nicht das frische Grün des Frühlings. Da und dort bekamen einige Blätter häßliche braune Flecken, als seien auch sie von einer Krankheit befallen. Die Flecken wuchsen und fraßen sich weiter, unaufhörlich. Und wenn nach einer schlaflosen Nacht ein neuer Tag heraufdämmerte, hatten schon wieder einige hundert Blätter mehr den Kampf ums Leben aufgegeben. Müde und schlaff hingen sie nach unten, und sobald sich ihr fahles Gelb aus dem Morgennebel löste, war es deutlich, daß der Winter nicht mehr aufzuhalten war.

Sicher, es gab einige Tage, die von einer trügerischen Schönheit waren. Wenn es die Oktobersonne am späten Vormittag schaffte, den Nebel zu zerreißen, dann schien der Baum vor ihrem Krankenzimmer zu brennen. Das Farbenspiel von einem zarten, reinen Gelb bis hin zu tiefem Rot vor dem durchsichtigen Blau des Himmels war überwältigend. Aber solche Augenblicke waren selten. Bald wurden die Tage trüber, so daß die Krankenschwester in ihrem Zimmer das Licht anknipste, sooft sie es betrat. Lautlos schwebten die Blätter nun zu Boden, manchmal ein einzelnes, dann wieder ein ganzer Schwarm. Es brauchte nicht einmal windig zu sein: Sie schienen alle Kraft verloren zu haben und ließen sich willig fallen. Wenig später setzten die Herbststürme ein. Heulend fuhr der Wind in das Geäst und riß ruckartig hunderte von Blättern in den wolkenzerfetzten Himmel, um schon im nächsten Augenblick die Äste zur anderen Seite zu beugen. Immer kahler wurde der große alte Baum. Die Blätter, die noch verblieben waren, hatten nichts Leuchtendes mehr an sich. Fleckig und schmutzig braun hingen sie wie etwas Fremdes und Vergessenes im Gewirr der kahlen Zweige. Was der Sturm nicht geschafft hatte, gelang dann dem schweren Regen, der wenige Tage später einsetzte und gar nicht mehr enden wollte: Unbarmherzig riß er auch noch die letzten Blätter zu Boden.

Ihre Krankheit hatte sich verschlimmert. Seit einiger Zeit litt sie nun an fiebrigen Wahnvorstellungen; sie bildete sich ein, ihr Leben hinge mit den Blättern dieses Baumes, dessen langsames Sterben sie nun schon so lange beobachtete, zusammen. Ganz oben an einem dürren Ast war noch ein einziges Blatt übrig geblieben. Dürr und tot war es in sich zusammengerollt. »Morgen wird es weg sein«, sagte sich die Kranke, »dann sterbe ich.«

In ihren Fieberphantasien hatte sie jedes Gefühl für die Zeit verloren. Träumte sie oder war sie wach? Waren es Wochen oder Monate oder gar Jahre, daß sie so dalag? Manchmal schreckte sie auf aus ihrem unruhigen Schlaf: Da war es noch, das letzte Blatt. Vertrocknet und allein. Zeichen des Todes. Oder des Lebens? Oder sah sie es nur in ihren Träumen?

Die Schwester zog den Vorhang zur Seite. Das letzte Blatt – es war nicht mehr da. Der kleine dürre Ast ganz oben stach kahl in den Himmel. Aber irgendwie hatte er sich verändert. Die Linie, die er in das blasse Blau zeichnete, war nicht mehr so scharf, wie sie es in Erinnerung hatte. Bildete sie sich diese kaum wahrnehmbaren Unebenheiten, so als wolle etwas aus dem Zweig nach außen brechen, nur ein? Oder drängten da nicht wirklich neue Blätter ans Licht – winzig, ganz fein, unendlich zart, aber voller Leben?

Erfahrungsbericht

Das Thema »Blätter im Herbst« öffnet – noch dazu eingebunden in die entsprechende Jahreszeit – die Teilnehmer stark für die Auseinandersetzung mit dem Tod. Durchaus gewagt ist dennoch die direkte Frage: »Wie geht es mir, wenn ich an den eigenen Tod denke?« Viele Betroffenen zeigen mit ihrer Reaktion jedoch, daß sie mit der Vorstellung des eigenen Todes relativ gelassen umgehen können. Durch das Erleben des Sterbens ihrer Angehörigen haben sie die Angst davor verloren. Andere Teilnehmer geben zu, nach wie vor Angst zu haben. Trotzdem läßt die Berührung mit dem »Tod« kleine Zeichen des Lebens als wertvoller erscheinen als vor der Erfahrung der Todessituation.

Die Schlußgeschichte sollte bewußt als Schlußpunkt verwendet und nicht zerredet werden.

Zwischenstation: Trauerkreisandacht

Ziel

Die Trauerkreisandacht ist ein zusätzliches Angebot speziell für die Zeit um »Allerheiligen« und »Allerseelen«: Vielen Teilnehmern geht gerade hier die Verlustsituation besonders nahe. Verstärkt wird dies durch die dunklen Novembertage. Die Andacht hat einen eher meditativen Charakter, eine Gesprächsrunde findet nicht statt. Indem viel mit Kerzenlicht gearbeitet wird, soll das Gefühl für Licht, das auch die innere Dunkelheit erhellen kann, emotional geweckt und verstärkt werden.

Methoden

- Lied
- Gebete und freie Fürbitten
- Meditative Körperübung
- Stille Phase
- Geschichte

Vorbereitungen

- **für jedes Treffen:** siehe »Begleitende Maßnahmen«, Seite 16f.

- **für dieses Treffen:**
  - Sofern kein gottesdienstähnlicher Raum vorhanden: Gesprächsraum mit Stuhlkreis reservieren
  - Größere Kerze in Raummitte aufstellen
  - Bonsaibaum in die Mitte stellen
  - Duftlampe/Duftessenzen
  - MC- und CD-Recorder mit meditativer Musik (evtl. Pachelbel und Taizé-Gesänge)
  - CD mit Waldgeräuschen
  - Grablichter in Anzahl der Teilnehmer bereitstellen
  - Liedblatt »Ich möchte ein Baum sein« an den Plätzen bereitlegen
  - Textblatt mit »Baumsegen« mehrfach kopieren

Ablauf

1. Begrüßung

Die Teilnehmer werden eingeladen, im Stuhlkreis Platz zu nehmen. Eventuell sollte zunächst das Lied »Ich möchte ein Baum sein« eingeübt werden.

2. Stille Phase mit Musik

Diese soll dazu dienen, innerlich ruhig zu werden (Empfehlung: Pachelbel). Diese stille Phase kann etwa drei Minuten dauern.

3. Lied: »Ich möchte ein Baum sein«[3]

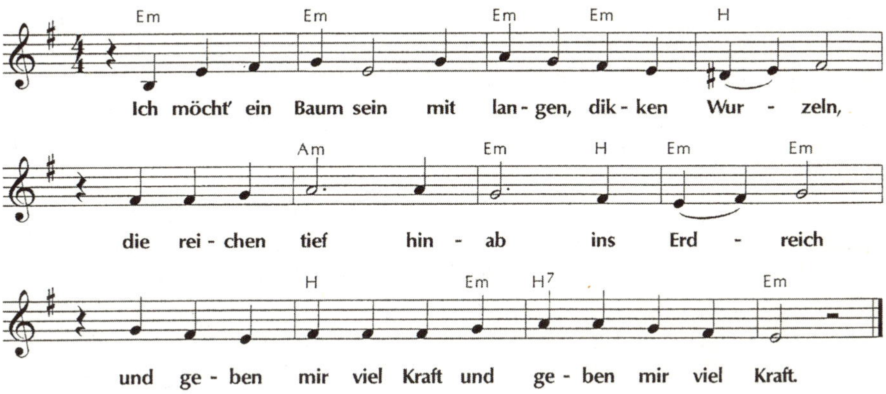

Ich möcht' ein Baum sein
mit langen, dicken Wurzeln,
die reichen tief hinab ins Erdreich
und geben mir viel Kraft
und geben mir viel Kraft.

Ich möcht' ein Baum sein
mit einem festen Stamme,
der Halt und Sicherheit mir schenket,
mich trotzen läßt dem Sturm,
mich trotzen läßt dem Sturm.

Ich möcht' ein Baum sein
mit vielen schönen Blüten.
Sie brechen auf und leuchten weit ins Land;
ein jeder freut sich dran,
ein jeder freut sich dran.

4. Meditative Körperübung: »Baum«

Diese Körperübung dauert fünf bis zehn Minuten. Sie bezieht sich auf das vorausgegangene Lied. Die Teilnehmer sollen darin die Verwurzelung eines Baumes spüren und welche Bedeutung dies in Momenten des Ausgeliefertseins hat. Die Übung greift Emotionen auf, die während der Betrachtungen der Baum-Bilder zu Beginn des ersten Treffens aufgekommen sind. Die Teilnehmer sollten während der Übung stehen. Sofern sie dazu körperlich nicht in der Lage sind, sollten sie aufrecht auf ihrem Stuhl sitzen. Die Fußsohlen berühren den Boden. Waldgeräusche oder meditative Musik werden eingespielt. Die Teilnehmer schließen die Augen. Die Meditationsgedanken werden mit ruhiger Stimme vorgetragen. Zwischen den Absätzen wird jeweils eine kurze Stille eingehalten:

Ich stehe fest auf dem Boden. Ich verteile das Gewicht gleichmäßig auf beide Füße und schließe die Augen. Ich lenke mein Bewußtsein in die Fußsohlen. Ich spüre den Kontakt zwischen meinen Füßen und dem Boden. Ich konzentriere mich ganz auf meine Füße. Ich stehe immer fester.
Ich schlage Wurzeln. Meine Wurzeln wachsen tiefer und tiefer in den Boden. Sie breiten sich nach allen Seiten aus. Sie verankern mich, sie geben mir Halt.
Durch meine Wurzeln strömt Kraft und Energie aus der Tiefe des Bodens. Ich spüre das Strömen, es steigt aufwärts in meinem Körper. Es richtet mich auf, macht mich stark. Ich bin ein kräftiger Stamm.
Ich wippe leicht hin und her. Mein Stamm ist fest und biegsam zugleich. Ich komme nicht aus dem Gleichgewicht.
Nun recke ich mich hoch, dem Himmel, der Sonne entgegen. Mein Brustkorb weitet sich. Ich atme tief. Mein Gesicht richtet sich nach oben.
Der Stamm beginnt sich zu teilen in Äste und Zweige. Ein leichter Wind streicht durchs Geäst. Ich bewege meine Arme sanft hin und her, dann etwas stärker. Langsam kommen sie wieder zur Ruhe. Ich spüre den Bewegungen eine Weile nach.
Und weiter wachse ich und entfalte mich. Ich hebe die Arme. Ich nehme sie weit auseinander, erfasse den Raum. Gleichzeitig öffne ich mich für das Licht und die Wärme des Himmels. Sie strömen in mich ein, sie machen mich weit und hell. Sie erreichen jede Faser meines Körpers. Ich spüre die Energien.
Halt und Sicherheit kommen aus den Wurzeln, sie geben mir Kraft und Ausdauer.
Von oben, durch die Blätter, strömen Mut und Leben in mich ein. Ich fühle, wie ich lebe – als Baum – als Mensch.
Langsam lasse ich die Arme sinken. Noch spüre ich das pulsierende Leben in ihnen. Ich öffne die Augen, ich sehe meine Umgebung. Aber ich weiß von der Kraft meiner Wurzeln, von dem Licht des Himmels.[4]

5. Geschichte: »Zwei Bäume im Park«[5], unterbrochen durch kurze Stille

Die Geschichte greift die Körperübung insofern auf, als sie das Schicksal eines Baumes als Parabel für das durch einen Todesfall gezeichnete Leben eines Menschen beschreibt. Der Gedanke des Ausgeliefertseins spielt dabei wiederum eine große Rolle. »Zwei Bäume im Park« wird in zwei Teilen vorgetragen. Teil 1 beschreibt die Situation der Angst und Verzweiflung nach

dem Verlust und endet an einem ersten dramatischen Höhepunkt. Nach einer kurzen stillen Phase beschreibt Teil 2 den Lernprozeß, mit dem Verlust zu leben.
Die Teilnehmer setzen sich wieder. Teil 1 wird vorgelesen. Die Pause zwischen den beiden Teilen soll dazu dienen, über den Inhalt des ersten Teils nachzusinnen. Dazu meditative Musik (evtl. Taizé-Musik).

Zwei große Bäume stehen dicht beieinander in einem Park. Sie kennen sich schon seit frühester Jugend. Die Äste des einen Baumes ragen in die Krone des anderen. Im Frühjahr entfalten sich beider Blätter zur gleichen Zeit. Da, wo die Äste des einen sich weiter ausdehnen, hält sich der andere Baum zurück. Sie nehmen Rücksicht aufeinander. Im Herbst machen sie sich beide gemeinsam für den Winter bereit.
Sie schützen sich gegenseitig vor dem starkem Wind. Der eine Baum gewährt dem anderen Schatten. Sie holen sich aus dem Boden ihr Wasser und teilen es. So haben sich beide gemeinsam entwickelt, sind alt geworden und haben schon viele Jahresringe gemeinsam aufgebaut.
Eines Tages schlägt der Blitz in einen der Bäume und fällt ihn. Wortlos wird er von Waldarbeitern abtransportiert. Der andere Baum bleibt alleine zurück. Er kann einfach nicht glauben, daß sein geliebter Nachbar nicht mehr da sein soll. Wo sie sich doch für den nächsten Winter schon so viel vorgenommen hatten. Er wünscht, er habe einfach nur einen bösen Traum gehabt und morgen nach dem Aufwachen sei alles wieder in Ordnung.
Doch am nächsten Morgen ist er immer noch allein. Er schaut suchend umher, doch er kann seinen Nachbarn nirgendwo entdecken. Er fühlt sich nackt und hilflos.
Jetzt erst wird ihm bewußt, daß er all die Jahre vom anderen Baum beschützt wurde. Er bemerkt, daß er auf der Seite, die dem anderen Baum zugewandt war, schwächer entwickelt ist. Die Äste sind kürzer und weniger dicht mit Blättern übersät. Der Wind fährt ihm garstig in die schwache Seite.
Wie schön wäre es doch, wenn sein Nachbar noch da wäre! Er beginnt zu hadern, warum der Blitz ausgerechnet in seinen Nachbarn einschlagen mußte. Es gibt doch noch mehr Bäume im Park. Er hat Angst vor dem langen, harten Winter, den er jetzt alleine durchstehen muß. Warum konnte der Blitz denn nicht sie beide treffen? Nie mehr würde er so einen Nachbarn finden, mit dem er so viele schöne Stunden gemeinsam verbringen konnte. Hätte er vielleicht seine Äste weiter zu seinem Nachbarn hinstrecken sollen, daß der Blitz auch ihn hätte treffen können? So quält er sich mit Schuldgefühlen, er ist voller Angst und Verzweiflung. Die Sonne scheint wie immer und sendet ihre wärmenden Strahlen, doch er verspürt sie nicht. Es wird Winter. Er verbringt die Zeit alleine. Er fragt sich nach dem Sinn des Ganzen.

Kurze Stille mit ruhiger Musik

Eines Nachts, als er wieder einmal grübelt, kommt ihm die Idee, daß er versuchen könnte, im nächsten Frühjahr besonders die Äste seiner schwachen Seite wachsen zu lassen. Er könnte versuchen, die leeren Stellen, die der Nachbar mit seinen Ästen ausgefüllt hatte, zu füllen. Er hat ja jetzt mehr Platz, sich auszubreiten. Er muß keine Rücksicht mehr nehmen und hat Nahrung für zwei.
So beginnt er, all seine Energien darauf zu verwenden, die Lücke, die sein Nachbar hinterlassen hat, allmählich auszufüllen. Ganz vorsichtig läßt er neue Äste wachsen. Es dauert, aber er hat ja Zeit. Und manches Mal ist er sogar ein klein bißchen stolz darauf, alleine gegen die Kälte und den Wind anzukämpfen. Er weiß, daß es nie mehr so sein wird wie früher, aber wenn der Nachbar jetzt noch einmal kommen würde oder gar ein neuer Nachbar, hätte er nicht mehr so viel Platz zur Verfügung. Eines weiß er genau: Er würde den alten Nachbarn nie vergessen, denn er hatte ja so viele Jahresringe mit ihm gemeinsam angelegt. Zu jedem Jahresring konnte er gemeinsam erlebte Geschichten erzählen. An den nächsten Jahresringen jedoch wird er erzählen können, wie er gelernt hat, allein zu leben, seinen Ästen eine neue Richtung zu geben und sein Leben neu auszurichten.

6. Gebet: »Gott, wie ein Baum«[6]

Eventuell noch einmal für ein paar Sekunden die Musik einspielen. Anschließend wird dieses Gebet vorgetragen:

Gott, wie ein Baum
so sei vor dir mein Leben.
Gib mir Wurzeln,
die mich tief und fest
in dir verankern.
Gib mir die Kraft,
zum festen Stamm zu wachsen,
daß ich nicht wanke,
wenn die Stürme des Lebens toben.
Laß mich schweigsam sein
wie ein Baum,
der nur dann beginnt zu rauschen,
wenn dein Wind ihn durchdringt.
Gib mir die Kraft,
ständig über mich selbst hinauszuwachsen
in die unendliche Weite des Himmels

Laß mich grünen,
knospen und blühen

und so ein Zeichen
der Hoffnung sein
Laß mich reiche Frucht tragen
zur rechten Zeit.

Und wenn mir alles genommen wird
und die Kälte sich
um mich ausbreitet,
dann schenke mir die Sehnsucht
nach einem neuen Frühling
meines Lebens.
Gott, wie ein Baum
so sei vor dir mein Leben.

7. Kerzen anzünden; Fürbitten

Die Teilnehmer werden eingeladen, eines der bereitstehenden Grablichter anzuzünden und um die große Kerze in der Mitte zu stellen. Dabei kann laut oder in Gedanken eine Fürbitte formuliert werden.

8. Vaterunser

9. Baumsegen: »Ich wünsche dir«[7]

Das Segensgebet wird zum Abschluß vorgetragen. Es rundet die Andacht inhaltlich ab. Die Teilnehmer erhalten ein Textblatt mit diesem Segen und dem Bild eines Baumes.

Nicht, daß du so groß wirst wie
ein Baum, so stark oder so reglos.
Aber, daß du hin und wieder
nach oben schaust, wo die
Kronen sind und der Himmel.

Daß du stehenbleibst
und nicht immer weiterrennst.
Daß du stehen lernst und
wachsen wie ein Baum.
Denn du bist nicht am Ziel.

Du hast die Kraft in dir, die
auch im Baum ist: die Kraft
zum Wachsen. Bleib stehen.
Schau nach oben und fühle
die Kraft aus Gott, die wachsen
will in dir. Das wünsche ich dir.

Erfahrungsbericht

Die Trauerkreisandacht stellt eine Abwechslung im herkömmlichen Ablauf dar. Die Teilnehmer nehmen dieses Angebot in der Regel gerne an: Das Bedürfnis nach ruhigen Momenten unter Anleitung in einer Gemeinschaft Gleichgesinnter ist bei den meisten Teilnehmern in dieser Zeit des Jahres groß. Die Andacht ist inhaltlich und emotional sehr dicht gestaltet. Entsprechend heftig kann sie die Teilnehmer innerlich anrühren. Die meditativen Elemente sorgen aber zugleich für eine entspannende Wirkung. Die Körperübung ist auch für ältere Teilnehmer geeignet.

Drittes Treffen: Baum in der Dunkelheit

Ziel

Dieses Treffen greift Elemente und Methoden der vorausgegangenen Andacht auf. Dies ermöglicht jenen Teilnehmern, die daran nicht teilnehmen konnten, den inhaltlichen »Anschluß«. Für die anderen Teilnehmer bietet es die Gelegenheit, die während dieser Andacht geweckten Emotionen und Fragen nochmals zu durchleuchten. Der Aspekt des Ausgeliefertseins wird in diesem Treffen durch die Verbindung mit der Dunkelheit, was wiederum der Jahreszeit und ihrer Wirkung auf das Gemüt vieler Teilnehmer entspricht, auf eine neue Ebene gehoben. Der Nacht mit dem Gefühl der Verlorenheit wird jedoch die Aussicht auf Licht als Symbol der Hoffnung gegenübergestellt: Woher kommt für mich das Licht in der Nacht?

Methoden

- Lied- und Kerzenmeditation
- Gesprächsrunde
- Meditative Stille
- Textbetrachtung
- »Gedankenrunde«

Vorbereitungen

- **für jedes Treffen:** siehe »Begleitende Maßnahmen«, Seite 16f.

- **für dieses Treffen**
  - Bonsaibaum in die Mitte stellen
  - Große Kerze in die Tischmitte stellen
  - Teelichter an den Plätzen der Teilnehmer bereitstellen
  - Geschichte »Zwei Bäume im Park« kopieren
  - CD mit dem Taizé-Stück »Im Dunkeln unsrer Nacht entzünde das Feuer, das niemals verlöscht« besorgen
  - Text-Blatt mit der Geschichte »Wann endet die Nacht?« mehrfach kopieren

Ablauf

1. Ankommensrunde

2. Offizielle Begrüßung; Lied- und Kerzenmeditation (15 Minuten)

Mit wenigen Worten wird auf die vorausgegangenen Treffen und die Andacht eingegangen. Der Schwerpunkt liegt dabei auf dem Gedanken der Verlassenheit und des Ausgeliefertseins, der bisher exemplarisch am Bild des Baumes herausgearbeitet wurde. Durch die Meditation in der Dunkelheit sollen sich die Teilnehmer auf das Gefühl des Ausgeliefertseins noch weiter einlassen. Diese Einfühlübung greift das Befinden der Teilnehmer auf. Es bleibt jedoch nicht bei dieser Dunkelheit. Ab einem bestimmten Punkt erhellt Kerzenlicht den Raum: Die Wendung von Finsternis zu Licht soll erfahrbar sein. Die Teilnehmer werden mit wenigen Worten auf das folgende Geschehen eingestimmt. Dann werden sämtliche Lichtquellen im Raum gelöscht. Nach einer kurzen Zeit der Dunkelheit und der Stille wird die Musik (»Im Dunkeln unsrer Nacht«) – langsam lauter werdend – eingespielt. Die Teilnehmer hören der Musik zu; sie können die Melodie mitsummen (der Meditationsleiter muß hierbei den Anfang machen). Nach der Hälfte des Liedes wird die große Kerze auf dem Tisch angezündet.

3. Gedanken der Hoffnung äußern

Licht verwandelt die Dunkelheit. Durch diese Lichtmeditation sind die Teilnehmer emotional offener für die Frage nach Zeichen der Hoffnung inmitten ihrer Dunkelheit. Da der Raum nur durch eine Kerze erhellt ist, kann eine Atmosphäre der Geborgenheit entstehen, die diese Offenheit weiter fördert. Die Teilnehmer werden eingeladen, ein Teelicht am »großen Licht« zu entzünden und laut oder in Gedanken auf die Frage zu antworten: »Woher kommt für mich Licht in der Nacht?« Sie sollen sich dabei Zeit lassen und die Stille dazwischen aushalten. Die Musik läuft im Hintergrund leise weiter.

4. Geschichte: »Zwei Bäume im Park« in zwei Teilen (siehe S. 64)

Die Teilnehmer werden darauf hingewiesen, daß diese Geschichte hier nochmals bewußt eingesetzt wird. »Nacht« ist ein Bild für das Gefühl, verlassen und ausgeliefert zu sein. In dieser Geschichte wird dieses Gefühl anhand des Beispiels des Baumes konkretisiert und in den Alltag übersetzt. Dasselbe geschieht anschließend mit »Licht« und somit dem Gefühl der Hoffnung: Wie sieht diese Hoffnung aus? Was macht mir Hoffnung?
Die Musik ist während des Vorlesens ausgeschaltet. In der kurzen, etwa zwei Minuten langen Pause wird das Lied »Im Dunkeln unsrer Nacht« erneut eingespielt, um das bisher Gehörte wirken zu lassen. Die Teilnehmer hören still zu oder summen mit. Die Musik wird leiser geschaltet und der zweite Teil vorgelesen.

5. Gesprächsrunde

Die Gesprächsrunde greift die »Gedanken der Hoffnung« auf, die sich dort noch auf das Erlebnis beziehen, Finsternis durch Licht überwunden zu haben. Sensibilisiert durch die Übertragung auf den Alltag am Beispiel der Baumgeschichte sollen sie diesen Transfer nun bei sich selbst wagen. »Woher kommt für mich Licht in der Nacht« wird also fortgeführt durch die Frage: »Was macht mir Hoffnung?« Weitere Differenzierungen der Frage helfen den Gesprächsverlauf zu strukturieren:

Was hat mir in meinem bisherigen Leben trotz aller Verzweiflung Hoffnung gemacht?
Erinnere ich mich an konkrete Erlebnisse und Momente, in denen eine Situation der Hoffnungslosigkeit für mich in Hoffnung verwandelt wurde?
Weckt diese Erinnerung in mir erneut ein Gefühl der Hoffnung?
Was macht mir Hoffnung in meinem Alltag?
Was macht mir Hoffnung für die Zukunft?
Sehe ich Chancen für etwas Neues, auf das sich meine Hoffnung richtet?

6. Schlußgeschichte: »Wann endet die Nacht?«[8]

Dem Thema des Übergangs von der Dunkelheit zum Licht wird in dieser Geschichte eine weitere Dimension hinzugefügt: Wenn Menschen einander wahrnehmen und ihre Sorgen, ihre Trauer und ihre Hoffnungen teilen, dann beginnt ein neuer Tag und Leben wird wieder spürbar. Für die Teilnehmer soll diese Erfahrung, die sie bisher im Trauerkreis gemacht haben, auf den Alltag übertragbar werden.

Diese Gedanken können vor dem Lesen der Geschichte knapp angerissen werden. Die Geschichte selbst dient als Schlußpunkt dieses Treffens. Sie wird in Kopien an die Teilnehmer verteilt.

Ein Rabbi fragte seine Schüler: »Wann geht die Nacht in den Tag über?« Ein Schüler antwortete: »Dann, wenn ich ein Haus von einem Baum unterscheiden kann.« »Nein«, erwiderte der Rabbi. »Dann, wenn ich einen Hund von einem Pferd unterscheiden kann«, sagte ein weiterer Schüler. »Nein«, meinte der Rabbi erneut. So versuchten die Schüler nacheinander, eine Antwort auf die gestellte Frage zu finden. Schließlich sagte der Rabbi:

»Wenn du das Gesicht eines Menschen siehst und du entdeckst darin das Gesicht deines Bruders oder deiner Schwester, dann endet die Nacht, und der Tag ist angebrochen.«

Erfahrungsbericht

Das Treffen wirkt wie eine durch eine Gesprächsrunde erweiterte Andacht. Die Gesprächs- und Gedankenrunden werden durch die meditativen Teile gut ergänzt – auch in dieser Dichte, was bei den meisten Teilnehmern am Ende zu einer »aufgehellten«, fast frohen Stimmung führt. Für dieses Treffen sollte etwas mehr Zeit eingeplant werden.

Viertes Treffen: Neuer Trieb aus altem Baumstumpf

Ziel

Der Gedanke des dritten Treffens, Licht in die Dunkelheit zu bringen, wird abermals verstärkt: »Neuer Trieb aus altem Baumstumpf« ist ein Bild für neues Leben, das entstehen kann, wenn Hoffnung (Licht) da ist. Die Symbolik dieses Treffens sowie einzelne Gestaltungselemente nehmen bewußt vorweihnachtliche Elemente auf. Erinnerungen und Assoziationen hieraus sollen den Teilnehmern helfen, ihre Gefühle besser ausdrücken zu können.

Methoden

- Stille und kommentierte Gegenstandsbetrachtung
- Gesprächsimpuls und Gesprächsrunde
- Gemeinsames Lied

Vorbereitungen

- **für jedes Treffen:** siehe »Begleitende Maßnahmen«, Seite 16f.

- **für dieses Treffen:**
  - Bonsaibaum in die Mitte stellen
  - Baumrinden, abgestorbene Äste und Zweige zu einem Gebilde zusammenfügen, aus dessen Mitte eine junge Rose nach oben ragt; kleine Wurzeln liegen um das Gebilde
  - Meditative Musik auswählen
  - Lied »Es ist ein Ros' entsprungen« in größerer Anzahl kopieren
  - Schlußgeschichte nach Solschenizyn in größerer Anzahl kopieren

ABLAUF

1. Ankommensrunde

2. Gegenstandsbetrachtung

Ein aus Baumrinden, Ästen, Wurzeln und einer Rose gestaltetes Gebilde dient als Gegenstand der meditativen Betrachtung. Zur besseren Wirkung sollte es mit einem eigenen Licht angestrahlt werden, zumindest aber sollte eine weitere Kerze in der Nähe brennen. Die Blicke der Teilnehmer werden geführt, indem das Gebilde beschrieben, aber nicht interpretiert wird (hierzu Musik leiser stellen).

3. Gesprächsimpuls

Musik läuft weiter. Es erfolgt nun der Versuch einer Interpretation. Sie stellt das Symbolische in den Vordergrund. Damit soll den Teilnehmern in dem Bild der Wurzel ein Zeichen für ihre eigene Situation geboten werden. Mögliche Interpretationsgedanken:

Licht verdrängt die Dunkelheit. In diesem Licht öffnet sich Altes und Abgestorbenes und gibt neues Leben frei: Eine noch zarte Rose entspringt an einem Ort, an dem es niemand erwartet. Leben entsteht in einem Augenblick, in dem keiner damit rechnet. Ihre volle Blüte wird die Rose erst noch erreichen. Aber ihr Rot überstrahlt jetzt bereits die dunklen Flächen.
Diese Rose ragt nach oben. Sie steht für den Blick in den hellen Morgen im Gegensatz zum dunklen Gestern der Nacht und der Finsternis.

4. Gesprächsrunde

Alt und abgestorben – jung und blühend: In drastischer Weise beschreiben die Bilder die Befindlichkeit der Trauernden. Sie steigern damit den Gegensatz dunkel – hell ins Existentielle. Die Gesprächsrunde soll darauf eingehen und wie beim vorhergehenden Treffen die Befindlichkeit durch hoffnungsvolle Assoziationen und tröstliche Erinnerungen in eine positive Richtung wenden helfen. Das Gespräch beginnt mit Einstiegsfragen:

Welches Element auf dem Bild spricht mich besonders an?
Welche Farbe spricht mich an?
Sagt mir dieses Bild etwas in meiner derzeitigen Situation?
Was stört mich an diesem Bild?

Weitere Fragen, die das Gespräch fortführen:

Erkenne ich Momente in meinem Leben, in denen in aussichtsloser Situation Neues und somit Hoffnung gewachsen ist?

Habe ich Erinnerungen, die mir Kraft und Hoffnung geben?
Gibt es Augenblicke, in denen ich das Entstehen von Neuem spüre?
Was überwiegt bei mir: die Schattenfläche oder die Lichtseite?
Was läßt neues Leben in mir aufblühen?
Was könnte neues Leben in mir aufblühen lassen?

5. Lied: »Es ist ein Ros entsprungen«[9]

Die »Wurzel Jesse« ist ein weihnachtliches Motiv. Erinnerungen und Gedanken an Weihnachten, die während des Gesprächs aufgekommen sein könnten, sollen durch dieses Lied noch einmal aufgegriffen werden. Zugleich wird damit dem Bedürfnis der Teilnehmer nach erbaulichen Erinnerungen Rechnung getragen. Die Liedblätter werden zum Singen ausgeteilt.

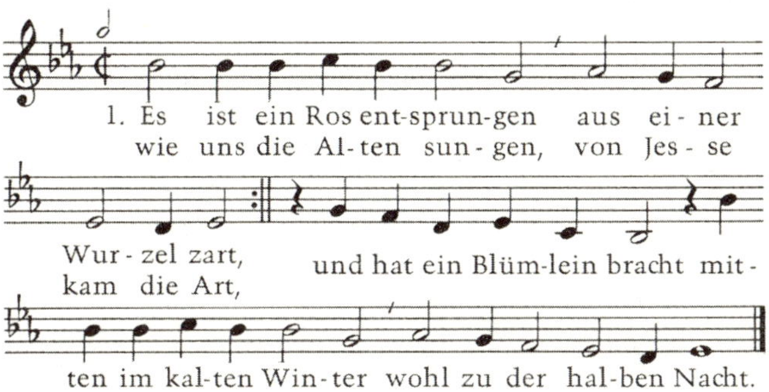

2. Das Röslein, das ich meine, / davon Jesaja sagt, / ist Maria, die Reine, / die uns das Blümlein bracht. / Aus Gottes ewgem Rat / hat sie ein Kind geboren / und blieb doch reine Magd.
3. Das Blümelein so kleine, / das duftet uns so süß; / mit seinem hellen Scheine / vertreibt's die Finsternis, / wahr' Mensch und wahrer Gott, / hilft uns aus allem Leide, / rettet von Sünd und Tod.

6. Schlußgeschichte; Verabschiedung[10]

Die Geschichte überträgt den Gedanken, daß in unerwarteter, ausweglose[r] Situation Neues entstehen kann, auf ein eher banales Erlebnis im Alltag. Für die Teilnehmer gewinnt es seine Bedeutung aus der vorausgegangenen Beschäftigung mit diesem Thema. Die Geschichte ist ein geeigneter Abschluß für dieses Treffen. Sie soll zum Lesen zuhause anregen.

Der Dichter Alexander Solschenizyn erinnert sich an folgendes Erlebnis aus seiner Kindheit: Früh schon fuhren wir mit unserem Vater in die Wälder. Unser Vater war Holzfäller. Fünf Kollegen begleiteten ihn. Mit ihren Händen, mit ihrer Körperkraft setzten sie die Axt und die Säge an den Stämmen der Bäume an. Für uns war es immer ein erhebendes Gefühl zu beobachten, wie ein kleiner Mensch einen riesigen Stamm durchbrechen und den Baum zum Einsturz bringen konnte. Dabei legte mein Vater Wert auf die Feststellung, daß nur die alten Bäume gefällt wurden, die, denen die Kraft zum Weiterleben ausgegangen war. Die, welche – wie mein Vater sagte – ohnehin tot waren. So fuhren wir am späten Nachmittag wieder nach Hause. Auf dem Sattelschlepper, der von einem alten Traktor gezogen wurde, die Beute des Tages. Gewaltige Stämme, die wie tot dalagen und sich willig abführen ließen. Meine Schwester war indes ruhig geworden. Verwundert schaute ich zu ihr hinüber: Sie starrte auf einen der Stämme. Traurigkeit und Faszination spiegelten sich in ihrem Gesicht. Da sah auch ich es: Aus einem der toten Stämme sproß ein junger Trieb. Er ragte kühn und hoffnungsvoll nach oben. Ein Lebenszeichen aus morschem Holz, das wir ergriffen ansahen. Keiner von uns wagte ein Wort zu sagen.

Erfahrungsbericht

Die adventliche Symbolik trägt von Beginn an dazu bei, Erinnerungen an vergangene Advents- und Weihnachtszeiten zu wecken. Der Schmerz über den Verlust und die Erinnerung an schöne Stunden halten sich dabei die Waage. Einige Teilnehmer werden statt an die Rose eher an Frühlingsblumen als Symbol für das Leben denken – ein Gedanke, der bereits über die Winternacht hinaus in den Frühlingstag führt und intuitiv den Übergang von der Finsternis zur Helligkeit aufgreift.

Fünftes Treffen: Jahresringe

Ziel

Das Thema bietet die Gelegenheit, neben der Aussicht auf Neues eine Art Rückblick auf Altes zu wagen: Die Auseinandersetzung mit »Jahresringen« ermöglicht es, sich der Spuren und Kerben des bisherigen Lebens bewußt zu werden. Ringe legen sich um eine Mitte herum an. Wer oder was aber ist diese Mitte?

Methoden

- Riech- und Fühlmeditation
- Mandala-Malen
- Gesprächsrunde

Vorbereitungen

- **für jedes Treffen:** siehe »Begleitende Maßnahmen«, Seite 16f.

- **für dieses Treffen:**
  - Bonsaibaum in die Mitte stellen
  - Kleine runde Aststücke in entsprechender Anzahl zuschneiden und in einen Korb legen
  - Astmeditation vorbereiten
  - Mandala in entsprechender Anzahl kopieren
  - Farbholzstifte am Platz bereitlegen
  - Meditative Musik auswählen
  - Textblatt mit Schlußmeditation und Bild eines Jahresrings in größerer Anzahl kopieren

Ablauf

1. Ankommensrunde

2. »Ast«-Riech- und Fühlmeditation

Diese Meditation soll die Teilnehmer für das Thema und seine Ambivalenz – geprägtes Leben, neues Leben – empfänglich machen. Die Teilnehmer fühlen die Kerben, Risse und Ringe in der Baumscheibe und nehmen den Geruch des gesägten Holzes wahr.
Zur Einführung werden noch einmal im Zusammenhang die bisherigen Treffen kurz reflektiert: Baum, Blätter, Baum in der Dunkelheit, neuer Trieb aus altem Baumstumpf. Dem dunklen Gefühl des Ausgeliefertseins in Sturm und tiefer Nacht wird das hoffnungsvolle Wahrnehmen des Lichts als Zeichen des Lebens gegenübergestellt, das im Bild des jungen Triebes aus einem toten Baumstumpf einen Höhepunkt erfährt. Nun soll auf das, was das Leben geprägt hat, zurückgeblickt und im heller werdenden Licht des Tages der Blick nach vorne verstärkt werden.
Ein Korb mit geschnittenen Aststückchen wird herumgereicht: Jeder Teilnehmer erhält eines davon. Die Teilnehmer werden eingeladen, die Aststücke in Ruhe zu betrachten, sie zu befühlen und ihren Geruch aufzunehmen.
Es folgt eine Meditation. Die Teilnehmer schließen ihre Augen. Sie erspüren mit den Fingern die Holzmaserung und werden sich dabei bewußt, daß jeder Ring für ein prägendes Erlebnis steht. Die folgenden Impulsgedanken werden langsam und mit ruhiger Stimme vorgetragen. Zwischen den Abschnitten sollte eine kurze Pause eingelegt werden.

Rainer Maria Rilke schreibt in einem Gedicht:
»Ich lebe mein Leben in wachsenden Ringen.
Ich lebe mein Leben in wachsenden Ringen,
die sich über den Dingen ziehen.
Ich werde den letzten vielleicht nicht vollbringen,
aber versuchen will ich ihn.«

Ich lebe mein Leben in wachsenden Ringen, nicht im Zickzack, nicht im heillosen Durcheinander. Nur rückblickend kann ich feststellen, daß sich alles um die Mitte geordnet hat. Alles, was in meinem Leben war, hat mich geprägt. Viele Menschen, Einflüsse und Eindrücke haben am Entstehen meiner Jahresringe mitgewirkt.
Vielleicht ist mein Leben erst durch wenige Jahresringe geprägt. Vielleicht aber auch durch viele.
Was aber hat die Jahresringe meines Lebens geprägt?
Jedes Jahr legt sich ein neuer Ring um die Mitte meines Lebens.
Was aber ist die Mitte?
Bin ich es?
Ist es ein geliebter Mensch?
Liegt darin der Sinn meines Lebens?

(Musik wird eingespielt und langsam etwas lauter gedreht.)

3. Stilles Ausmalen der Mandalas

Die Teilnehmer sollen in diesem Teil des Treffens die während der Astmeditation gewonnenen Eindrücke, Gedanken und Gefühle in sich weiterentwickeln lassen. Das vorgegebene Mandala-Motiv stellt aneinandergereihte Ringe wie bei einer Baumscheibe dar. Mit den Farbstiften sollen die Ringe in Ruhe bei meditativer Musik ausgemalt werden. Diese Übung soll die Teilnehmer für das folgende Gespräch öffnen. Hilfreich ist es, nochmals einige Impulsfragen zu wiederholen:

Was hat die Jahresringe meines Lebens geprägt?
Was ist die Mitte, um die sie gelegt wurden?

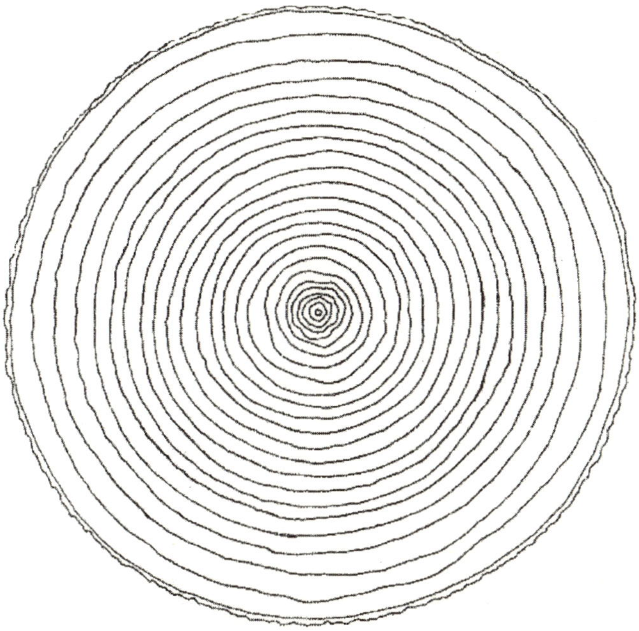

4. Gesprächsrunde

Die Teilnehmer sollen über das sprechen, was sie geprägt hat. Dabei soll an vorhergehende Treffen erinnert werden:

Der Sturm, Kälte und Regen prägen einen Baum ebenso wie Wärme und Sonne. Das Gefühl, ausgeliefert und einsam zu sein, prägt einen Menschen ebenso wie die Hoffnung und die Aussicht auf Leben. Nachterfahrungen schreiben sich ebenso fest wie Lichterlebnisse. Was aber ist die Mitte, die alles zusammenhält und dem Leben mit all seinen unterschiedlich entstandenen Ringen die Richtung vorgegeben hat?

Weitere Impulsgedanken und -fragen für das Gespräch:

Nur rückblickend kann ich feststellen, was sich alles um die Mitte ordnet. Jahresringe sind gelebte Zeit. Sie zeigen, daß alles, was geschehen ist, erhalten bleibt.
Was hat mein Leben geprägt? Was hat es besonders geprägt?
Welche Nachterfahrungen, welche Tagerfahrungen haben sich darin bleibend festgeschrieben?
Wie wirkt sich das jetzt für mich aus?
Wo liegt in meinem Leben der Jahresring des Todes meines Angehörigen?
Wie stark prägt der Tod jetzt mein Leben?
Wie kann diese Prägung aussehen?
Könnte der Tod der Entwicklung meines Lebens eine neue Richtung geben? (Vergleiche hierzu die Geschichte »Zwei Bäume im Park« im dritten Treffen.)
Wenn ich meine Jahresringe betrachte: Was hat bewirkt, daß sie sich letztlich als Einheit zusammengefügt haben?
Wo liegt meine Lebensmitte?
Wer oder was ist diese Lebensmitte?
Erkenne ich eine Mitte, die für mich alles zusammenhält?
Macht mir der Gedanke daran, daß etwas mein Leben zusammenhält, Hoffnung?

5. Schlußtext[11] und Verabschiedung

Der Schlußtext faßt die bisherigen Gedanken nochmals meditativ zusammen. Er wird als Schlußpunkt des Treffens vorgelesen und den Teilnehmern mitgegeben.

Manchmal ist es gut und nötig,
draußen zu sein am Rand, wo ich
Kontakt habe zu Menschen, wo
ich mich den Aufgaben des
Lebens zu stellen habe,
wo Betriebsamkeit herrscht,
wo eine Bewegung die andere ablöst.

Manchmal ist es gut und nötig,
drinnen zu sein, nahe der Mitte,
wo ich allein bin,
wo nichts von mir verlangt wird,
wo die Bewegungen langsam zur Ruhe kommen
und Stille herrscht.

Rand und Mitte gehören zusammen
und bilden das Ganze,
in dem vieles aufblühen und Früchte tragen kann.

Erfahrungsbericht

Das Thema kommt bei den Teilnehmern an – entsprechend rege ist die Teilnahme am Gespräch. Dies liegt nicht zuletzt an der Übung mit den Aststücken, die mehrere Sinne anspricht (sehen, fühlen, riechen). Der Gedanke des Todes als »prägender Jahresring« und möglicher Teil der Entwicklung eines Lebens, um den herum sich weitere Ringe und somit neue Lebensschichten legen, findet ebenso Zuspruch wie die Auseinandersetzung mit der eigenen Lebensmitte. Das Thema eignet sich für die Zeit des Übergangs zwischen altem und neuem Jahr und deutet thematisch bereits das Ende dieser Trauerkreisrunde an.

Sechstes Treffen: Quelle

Ziel

Quellen geben Bäumen die Kraft zu leben: Auch wenn der Trauerkreis zu Ende ist, müssen die Teilnehmer den Weg der Trauer für sich weitergehen. Mit dem Thema »Quelle« soll der Blick geöffnet werden für Kraftquellen auf diesem weiteren Trauerweg, der im Alltag häufig wie durch eine Wüste führt. Dieses letzte Treffen bildet damit sowohl einen Abschluß dieses als auch des vorausgegangenen Trauerkreises, was noch einmal kurz skizziert wird.

Methoden

- Meditative Reflexion
- Impulsaktion: Seerosen öffnen sich
- Gesprächsrunde

Vorbereitungen

- **für jedes Treffen:** siehe »Begleitende Maßnahmen«, Seite 16f.

- **für dieses Treffen:**
  - Bonsaibaum in die Mitte stellen
  - Die Tischmitte folgendermaßen gestalten: auf dem Tisch eine Sandspur andeuten; dazwischen zwei oder drei Schalen mit Wasser stellen; ebenso einige Steine; der Bonsaibaum steht wegen dieser Tischgestaltung am Rand
  - CD »Die Moldau« (von Smetana) besorgen
  - Notizpapier und Stifte bereitlegen
  - Papierseerosen in entsprechender Anzahl kopieren, ausschneiden und falten und in einen Korb legen
  - Textblatt mit Geschichte und Seerosenbild in entsprechender Anzahl kopieren
  - Impulsfragen auf verschiedenfarbiges Papier schreiben

ABLAUF

1. Ankommensrunde

2. Offizielle Begrüßung und meditative Reflexion

Die Teilnehmer sollen noch einmal den gemeinsam im Trauerkreis zurückgelegten Weg reflektieren. Die Darstellung einzelner Inhalte und Schwerpunkte hieraus soll ihnen helfen, sich zu erinnern und Gefühle sowie eventuell verdrängte Fragen und Gedanken wieder aufzugreifen. Die meditative Reflexion besteht aus einem Einführungsteil mit Impulsgedanken und -fragen sowie einem stillen Teil. Die Impulsfragen werden für die Teilnehmer auf verschiedenfarbigen Blättern ausgelegt. Die Aufmerksamkeit der Teilnehmer wird auf die gestaltete Tischmitte gelenkt:

Sand, Stein, Wüste und Wasser stehen am Ende unseres Trauerkreises. Sie stehen damit auch am Ende eines gemeinsamen Weges.
Wir sind gemeinsam einen Weg gegangen, auf dem wir Erfrischung, Schatten, Sonnenlicht und Schutz finden konnten, aber auch Wind, Regen, Finsternis, Trockenheit und Einsamkeit ausgesetzt waren. Das alles war im Bild des »Baumes« symbolisiert.
Dieser Weg war manchmal ein Weg durch die Wüste, wo alles leer erscheint und eintönig, trocken und auszehrend. Aber wie ein Baum an einer Quelle kann auch ich in dieser Wüste Kraft finden und weiterleben – und meinen Weg fortsetzen.

Wo befinde ich mich jetzt auf dem Weg?
Wo habe ich Quellen gefunden?
Was hat mir Kraft gegeben?
Was gibt mir Kraft für die Zukunft?
Was hat mir im Trauerkreis weitergeholfen?
Was nehme ich für meinen weiteren Weg mit?

(Die farbigen Blätter mit den oben genannten Fragen werden ausgelegt. Die Teilnehmer sollen nun in Stille und für sich über diese Fragen nachsinnen. Notizpapier und Stifte liegen als Hilfsmittel bereit. »Die Moldau« wird leise eingespielt und läuft als Hintergrundmusik weiter.)

3. Impulsaktion

Mit dieser Aktion soll das »Aufblühen« an einer Quelle plastisch dargestellt werden. Es ist ein Bild für das Sich-Öffnen, das die Teilnehmer während des Trauerkreises lernen mußten und das zugleich helfen sollte, Offenheit für die Zeichen auf dem weiteren Lebensweg zu gewinnen.
Die Musik wird langsam leiser gestellt und ausgedreht. Der Korb mit den gefalteten Papierseerosen wird herumgereicht: Jeder Teilnehmer nimmt eine Rose und legt sie in eine der Wasserschalen, die auf dem Tisch stehen. Die

Teilnehmer werden eingeladen, ihre Gedanken vorzutragen, während sich die Seerosen langsam öffnen.
(Technischer Hinweis: Die Seerose ausschneiden, Blütenblätter von einer Richtung her gleichmäßig nach innen übereinanderfalten. Die so gefaltete Seerose öffnet sich auf einer Wasserfläche binnen weniger Minuten.)

4. Gesprächsrunde

Sie soll klären helfen, wo die Teilnehmer in ihrer Trauerarbeit stehen und ob eine weitere Teilnahme am Trauerkreis sinnvoll ist. Gleichzeitig bietet die Gesprächsrunde die Chance zur Wiederauffrischung von Gedanken und Gefühlen, die sich in vorausgegangenen Treffen möglicherweise als wesentlich herausgestellt haben, jedoch nicht weiterverfolgt wurden. Die Impulsfragen werden noch einmal vorgelesen:

Wo befinde ich mich jetzt auf dem Weg?
Wo habe ich Quellen gefunden?
Was hat mir Kraft gegeben?
Was gibt mir Kraft für die Zukunft?
Was hat mir im Trauerkreis weitergeholfen?
Was nehme ich für meinen weiteren Weg mit?

5. Schlußgeschichte: »Die kleine Quelle«[12]

Diese Geschichte soll Mut machen. Sie weist bewußt auf die kleinen Quellen hin, die auch während einer großen Trockenheit Zeichen des Lebens sind. Die Geschichte ist damit eine geeignete Zusammenfassung der beiden bisherigen Runden.

In einem Dorf in Afrika hatte es seit Wochen nicht mehr geregnet. Alles war verdorrt. Das Gras vertrocknete und war schon ganz gelb. Die kleinen Büsche vertrockneten und waren schon ganz dürr. Selbst die Bäume vertrockneten. Alle Brunnen, Quellen und Flüsse trockneten aus. Viele Tiere starben. Selbst die ältesten, stärksten Bäume verloren ihre Blätter, obwohl ihre Wurzeln tief in die Erde reichten. Nur eine einzige Blume blieb am Leben. Denn neben ihr befand sich eine kleine Quelle. Und die war noch nicht vollständig versiegt. Doch die Quelle war verzweifelt: »Alles um mich herum verdurstet! Alles stirbt! Was kann ich daran ändern mit meinen wenigen Tropfen?«
Da sagte ein alter, mächtiger Baum: »Niemand erwartet von dir, daß du eine ganze Wüste zum Blühen bringst. Aber einer einzigen Blume Leben schenken – das ist deine Aufgabe.«

6. Verabschiedung

Das gestaltete Textblatt mit der Schlußgeschichte wird verteilt. Außerdem erhält jeder Teilnehmer eine gefaltete Seerose. Falls dies nicht bereits in einem der vorigen Treffen geschehen ist, sollte spätestens jetzt eine Adressenliste verteilt werden.Für die neue Trauerkreisrunde ergeht eine mündliche Einladung an die Teilnehmer. Der erste Termin sollte bekannt sein.

Erfahrungsbericht

»Quelle« setzt einen von den Teilnehmern als angenehm und gelungen betrachteten Schlußpunkt. Besonders das Öffnen der Blütenblätter bewegt die Teilnehmer zum Teil sehr – und ist auch Symbol dafür, daß viele von ihnen tatsächlich die Fähigkeit des Sich-Öffnens erlangt haben.

Trauerkreis »Haus«

Das Haus symbolisiert das Leben in seiner Alltäglichkeit. Die einzelnen Räume stehen für Momente des Zusammenlebens mit dem verstorbenen Menschen und spiegeln damit Stationen des vergangenen Lebens wider. Archetypisch steht jeder Raum auch für bestimmte Befindlichkeiten. Das Durchschreiten der Räume gibt zugleich den Trauerprozeß wieder, die einzelnen Räume beschreiben Stationen und Phasen des Weges durch diese Trauer.

Erstes Treffen: **Räume im Haus**
Die Räume im Haus sind Bilder für die unterschiedlichen Momente des Lebens – Lebensräume also. »Jemanden in sein Haus schauen lassen« heißt dann, einem anderen Menschen Einblick in das eigene Leben zu gewähren.

Zweites Treffen: **Wohnzimmer**
Das Wohnzimmer ist die Lebensmitte des Hauses – der Ort, an dem man sich wohlfühlt. Mit dem Verlust des Angehörigen geht diese Mitte verloren. Es entsteht eine Leere. Mit der Suche nach der verlorenen Mitte beginnt der Gang durch die Räume.

Drittes Treffen: **Schlafzimmer**
Das Schlafzimmer ist einerseits der Ort der Erholung, andererseits der Ort, an dem durch die Ruhe und die Dunkelheit der Verlust und die Einsamkeit körperlich spürbar und damit schmerzhaft deutlich werden. In diesem Zusammenhang wird auch die symbolische Verwandtschaft des Schlafes mit dem Tod erkennbar (»Schlafes Bruder«). Ängste werden ausgelöst.

Viertes Treffen: **Badezimmer**
Es ist der erste Raum, den man am Morgen betritt. Nach der Finsternis der Nacht erfrische ich mich hier für den neuen Tag; er ist damit ein Symbol für die Ermutigung zum Leben. Das Badezimmer verkörpert zugleich Zurückgezogenheit und Intimität.

Fünftes Treffen: **Küche**
Um dieses neue Leben wagen zu können, ist Kraft nötig. Die Küche ist eine Art Kraftzentrum, in dem »Lebens-Mittel« zubereitet und aufgenommen werden können für den weiteren Weg.

Sechstes Treffen: **Keller**
Vor Dunkelheiten und (Un)tiefen bleibt man auch an diesem neuen Tag nicht bewahrt: »Keller« ist ein Symbol dafür, daß noch längst

nicht alles aufgearbeitet ist. Der Trauerweg geht weiter und führt immer wieder in die Tiefe. Erinnerungen wirken häufig wie Ballast, der unerledigt im Keller ruht.

Siebtes Treffen: **Vorratskammer**
Es ist der Raum, den man dann betritt, wenn nichts mehr in der Küche ist, wenn ich weitere Lebens-Vorräte brauche.

Erstes Treffen: Räume im Haus

Ziel

Mit der Erläuterung der »Trauerkreisregeln« sollen die Teilnehmer mit dem Charakter des Trauerkreises bekannt gemacht werden. »Räume im Haus« sollen auf die unterschiedlichen Momente des Lebens hinweisen und die Bereitschaft wecken, im Trauerkreis darüber zu sprechen. In diesem ersten Treffen sollen sich die Teilnehmer darüber klar werden, ob sie weiterhin am Trauerkreis teilnehmen möchten. Von daher stellt dieses Treffen auch einen Überblick über den gesamten Trauerkreis dar. Ein Lichthaus (z. B. aus Ton) mit Kerze sollte als Dekorationselement bei allen Treffen in der Tischmitte stehen: Es verdeutlicht auch den Zusammenhang der Einzelthemen.

Methoden

- Kurzmeditation »Räume im Haus« als thematischer Einstieg
- Gesprächs- und Vorstellungsrunde
- Meditative Textlesung

Vorbereitungen

- **für jedes Treffen:** siehe »Begleitende Maßnahmen«, Seite 16f.

- **für dieses Treffen:**
  - »Lichthaus« aus Ton oder Papier in die Mitte des Tischkreises stellen
  - Kleine »Papphäuser« mit Teelichtern und Textunterlage vorbereiten (siehe S. 92f.)
  - Bierdeckel (mit Textblatt überklebt) in entsprechender Anzahl vorbereiten
  - Meditative Musik aussuchen
  - Geschichte »Lebenshaus« kopieren
  - »Trauerkreisregeln« (siehe Seite 18) in größerer Anzahl kopieren

Ablauf

1. Ankommensrunde (etwa 30 Minuten)

Bei Hintergrundmusik, Kaffee und Kuchen lernen sich die neuen Teilnehmer ungezwungen kennen.

2. Offizielle Begrüßung. Vortragen der »Trauerkreisregeln«

Mit den »Trauerkreisregeln« werden Inhalt, Absicht, Rahmen, Ablauf und Gesprächsregeln geklärt. Die Termine für die nächsten Treffen werden abgesprochen.

3. Haus – meditativer Einstieg

Die Teilnehmer werden ins Thema eingeführt. Der Hinweis, daß der gesamte Trauerkreis unter einem Oberthema steht, das sich in entsprechende Unterthemen gliedert, soll dazu beitragen, die Treffen zu strukturieren, die Teilnehmer emotional aufzufangen und inhaltliche Schwerpunkte zu setzen. Zugleich soll den Teilnehmern geholfen werden, sich ihrer Motivation für die Teilnahme am Trauerkreis klarzuwerden.
Musik wird eingespielt. Die Kerze im »Lichthaus« in der Tischmitte wird angezündet. Die Teilnehmer betrachten still das Haus. Dann werden Gedanken zum Thema vorgetragen:

Unser Leben gleicht einem Haus. Ein Haus besteht aus mehreren Räumen. Jeder der Räume erfüllt seinen bestimmten Zweck. In all den Jahren haben sie diesen Zweck nicht verloren. Aber ihre jeweilige Bedeutung kann sich verändern. Denn jeder Raum in meinem Lebenshaus hat durch besondere Erlebnisse eine bestimmte Gestaltung und Prägung erfahren. Durch gemeinsame Erlebnisse mit dem Verstorbenen, durch Erlebnisse, die ich alleine hatte.
Das alles hat den Räumen eigenes Leben eingehaucht, das nur ich allein so wahrnehmen kann.
Mein Leben hat sich in diesen Räumen abgespielt. Mein Leben mit dem Menschen, den ich verloren habe, hat sich in diesen Räumen abgespielt. Wenn der, der sie mitgeprägt hat, nicht mehr da ist, sind diese Räume nicht mehr dieselben. Die Erinnerung an ihn aber lebt in den Räumen weiter.

(Die Musik läuft noch etwas weiter, ehe sie langsam leiser- und ausgeschaltet wird.)

4. Geschichte: »Das Lebenshaus«[1]

Ohne Einführung wird die Geschichte vorgelesen. Sie greift das Bild von den Räumen als Stationen des Lebens auf, ordnet sie jedoch jeweils einer bestimmten Lebensphase zu. Die Geschichte soll die Symbolhaftigkeit des Themas verdeutlichen helfen und die Teilnehmer emotional ansprechen und öffnen.

Ich hatte einmal einen Traum: Ich stehe vor einem großen Haus mit vielen Fenstern. Das Haus ist grau, umrankt von grünem Efeu. Ich betrete das Haus und höre hinter einer Tür Babys schreien. Ich öffne die Tür und trete in den Raum. Kleinkinder krabbeln auf dem Boden herum; manche machen erste Gehversuche. Überall liegen Puppen und Teddybären. Da schlägt die Tür zu.

Ich öffne die nächste Tür und stehe in einem neuen Raum. Auch hier sehe ich Kinder, aber sie sind schon größer. Sie sitzen am Tisch, malen mit bunten Stiften. Sie werfen Bälle hin und her; sie lachen; sie streiten. Da schlägt auch diese Tür hinter mir zu.

Ich öffne die nächste Tür: Junge Menschen, fast erwachsene Mädchen und Jungen, sitzen am Boden. Sie diskutieren miteinander; laufen im Zimmer umher, reden wild aufeinander ein, halten sich an der Hand; umarmen sich; küssen sich; stehen einsam in einer Ecke; lachen. Die Tür schlägt zu.

Der vierte Raum: Drei Paare sitzen an drei Tischen. Zwei Frauen halten Babys in ihren Armen. Sie stillen sie, wickeln sie. An dem dritten Tisch blättern der Mann und die Frau in einem Buch; sie halten ihre Gedanken auf einem weißen Blatt Papier fest. Die Tür schlägt zu.

Hinter der nächsten Tür liegt ein Raum, der von warmem Licht durchflutet wird wie an einem späten Sommertag. Zwischen zwei Paaren mittleren Alters läuft ein Jugendlicher ungeduldig hin und her. An einem anderen Tisch sitzt eine Frau allein, sie hat den Kopf auf ihre rechte Hand gestützt. Ihr Blick ist in die Ferne gerichtet. Sie wartet – auf was? Sie hofft – auf wen? Da schlägt auch diese Tür zu.

Der sechste Raum: Sanft klingen die Geräusche in ihm, leiser die Stimmen. Das Licht scheint noch milder. Ältere Menschen sitzen auf einer Bank. Sie unterhalten sich. Sie lachen miteinander. Eine weißhaarige Frau trinkt mit einem Mann ein Glas Rotwein; sie lächelt dabei wie ein junges Mädchen. Mit zerfurchtem Gesicht, die Hände tief in den Hosentaschen vergraben, steht ein anderer Mann unsicher vor der Tür. Laut krachend schlägt sie zu.

Der siebte Raum ist fast dunkel. Einzelne Lichtschimmer fallen auf den schweren Holzboden und bilden matt leuchtende Flecken. Ein Lichtschimmer fällt auf ein Bett: darin liegt eine alte Frau. Sie schläft. Ihre rechte Hand hält einen Zipfel der Bettdecke fest. Ein alter Mann sitzt abwesend auf einem Stuhl, den Oberkörper nach vorne gebeugt und auf einen Holzstock gestützt. Die Luft hier macht das Atmen schwer. Da schlägt auch diese Tür zu. Und es ist völlig finster im Raum.

Ich möchte die Tür öffnen und zurückgehen. Doch sie bleibt fest verschlossen – es gibt keinen Weg zurück. Ich taste mich an der Wand entlang. Da halte ich eine weitere Klinke in der Hand. Mein Herz klopft, ich traue mich nicht, die Tür zu öffnen. Noch nicht. Aber ich weiß: Sie führt irgendwohin – und weiter.

(Für einige Sekunden wird meditative Musik eingespielt.)

5. Persönliche Vorstellungs- und Gesprächsrunde

Die Teilnehmer stellen sich mit Namen vor. Sie beschreiben, warum sie am Trauerkreis teilnehmen, was sie sich davon versprechen und wie sie sich gerade fühlen. Als Einstiegshilfe wird ihnen der Vorschlag gemacht, sich einen Raum in ihrem Lebenshaus auszusuchen, der ihnen während der meditativen Übung oder der Geschichte in den Sinn gekommen ist oder sie vielleicht gerade anspricht:

Welcher Raum in meinem Lebenshaus fällt mir gerade ein – warum?
Warum bin ich gekommen?
Was erhoffe ich mir vom Trauerkreis?
Wie geht es mir im Moment?
Wenn ich einem anderen meinen derzeitigen Zustand, mein derzeitiges Befinden erklären und mit einem Raum vergleichen müßte – in welchen Raum würde ich ihn dann blicken lassen?

6. Verteilen der »Papphäuser«, Teelichter und Textunterlage[2]

Die Papphäuser sollen als Erinnerung an das erste Treffen für zuhause mitgegeben werden. Da sie von innen beleuchtet werden können, symbolisieren sie den Anspruch des Trauerkreises, den Blick ins eigene Haus zuzulassen.

Damit sind sie auch ein Denkanstoß für eventuell unschlüssige Teilnehmer. Die Papphäuser werden auf Textunterlagen (siehe S. 93) und mit einem Teelicht in der Mitte an die Teilnehmer verteilt. Der Text wird abschließend vorgelesen:

(Die Vorlage auf festen Karton hochkopieren; Fenster ausschneiden und innen mit buntem Transparentpapier bekleben. Haus an Falzecke zusammenkleben.)

In meinem Haus
da lache ich,
da weine ich,
da träume ich.

Und wenn ich will,
dann schließe ich
die Tür
und bin allein.

In meinem Haus,
da wohne ich,
da schlafe ich,
da esse ich.

Und wenn du willst,
dann öffne ich
die Tür
und laß dich ein.

(Dieser Bildtext wird auf eine Unterlage geklebt.)

Erfahrungsbericht

Auch bei diesem Treffen können die Teilnehmer früherer Trauerkreise den neu hinzugekommenen durch die Erfahrungen bei ihrer geleisteten Trauerarbeit helfen. Das meist ohnehin große Mitteilungsbedürfnis neuer Teilnehmer wird durch das Thema »Haus« verstärkt, da es direkt auf die Alltagserfahrung zurückgreift. »Andere in mein Lebenshaus blicken lassen« wird somit weniger als Aufforderung oder Anspruch gesehen, sondern als Impuls, der zusätzlich motiviert, sich zu öffnen. Daß dieses Sich-Öffnen hilfreich und heilsam sein kann, wird den neuen Teilnehmern durch die »alten« gerade im ersten Treffen nahegebracht. Das »Papphaus« kommt als Element gut an, da es sich zuhause auch noch als Kerzenschmuck verwenden läßt und in dunklen Stunden immer wieder an die Begleitung durch den Trauerkreis erinnert.

Zweites Treffen: Wohnzimmer

Ziel

Das Wohnzimmer ist der Raum, in dem man sich tagsüber gewöhnlich die meiste Zeit aufhält: Dadurch läßt sich eine Brücke bauen zu dem verstorbenen Menschen, mit dem man in eben diesem Raum viel Zeit verbracht hat. »Wohnzimmer« ist damit – als die »Mitte« des Lebenshauses verstanden – ein Ort zum Wohlfühlen. Mit dem Verlust des Partners ist diese Mitte leer geworden. Es gilt, die Mitte neu zu finden.

Methoden

- Meditativer Impuls
- Stille Auswahl und Betrachtung von Bildmotiven
- Gesprächsrunde
- Textlesung

Vorbereitungen

- **für jedes Treffen:** siehe »Begleitende Maßnahmen«, Seite 16f.

- **für dieses Treffen:**
  - Lichthaus mit Kerze in die Mitte des Tischkreises stellen
  - Wandteppich oder Decke mit daran gehefteten Bildern von Wohnzimmermöbeln und -gegenständen (aus einem Möbelhauskatalog zum Beispiel) an die Wand hängen
  - Kreismandala in Anzahl der Teilnehmer kopieren
  - Holzfarbstifte auf Tischen bereitlegen
  - Textblatt mit Schlußgedanken in Zahl der Teilnehmer kopieren
  - Meditative Musik aussuchen

Ablauf

1. Ankommensrunde

2. Begrüßung und Einstiegsimpuls »Wohnzimmer«

Der Impuls soll die Teilnehmer für das Thema öffnen. Er soll auch den Zusammenhang zum Thema »Haus« wahren helfen. Daß das Wohnzimmer jener Raum ist, in dem ich einen Großteil meines Lebens mit dem Verstorbenen verbracht habe, wird durch die Bildauswahl am Wandteppich plastisch vor Augen geführt und soll Gefühle und Erinnerungen wecken, die sich im Gespräch niederschlagen können. Die Teilnehmer werden auf das erleuchtete »Lichthaus« in der Mitte des Tisches hingewiesen. Das Gedicht vom Ende des letzten Treffens kann als Einstieg vorgetragen werden:

In meinem Haus,
da lache ich, da weine ich, da träume ich.
In meinem Haus,
da wohne ich, da schlafe ich, da esse ich.
Und wenn ich will,
dann schließe ich die Tür und bin allein.
Und wenn du willst,
dann öffne ich die Tür und laß dich ein.

Die weiteren meditativen Gedanken:

Das Wohnzimmer ist der Raum, in dem ich mich gerne aufhalte. Es ist die Mitte des Hauses. Vieles von meinem Leben spielt sich darin ab. Es ist ein Raum, den ich bewußt gestalte. Ich entdecke darin einiges, was für mich fest dazu gehört: bequeme Sessel, Fotos an der Wand, Bücher – das Wohnzimmer ist ein Raum der Erinnerungen. Vieles erinnert mich an Erlebnisse, die lange zurückliegen; Erlebnisse, die ich mit einem Menschen teilte. Dadurch haben sie ihren Wert. Jetzt, da dieser Mensch nicht mehr da ist, herrscht in dem Raum eine andere Atmosphäre. Manche Erinnerung wird mir zur Last. Manchmal ist mir dieser Raum fremd. Und es wird einige Zeit dauern, bis ich ihn wieder neu mit Leben füllen kann.

(Meditative Musik einspielen)

3. Stille Auswahl und Betrachtung von Bildmotiven

Jeder Teilnehmer soll bis zu zwei Motive auf dem Wandteppich, die ihn besonders ansprechen, in aller Ruhe auswählen und betrachten. Die Musik spielt dabei weiter. Dadurch sollen die inneren Eindrücke des Einstiegsimpulses verstärkt, Gefühle und Erinnerungen geweckt werden.

4. Gesprächsrunde

Die Teilnehmer sollen ihre Gefühle und Erinnerungen äußern dürfen, die ihnen während der Bildauswahl gekommen sind und die sie zu dieser Auswahl veranlaßt haben. Das Gespräch soll sich schwerpunktmäßig darum drehen, inwieweit der Verlust der Mitte des Lebenshauses das Leben sinnleer gemacht hat. Impulsfragen:

Warum habe ich dieses Bild ausgewählt?
Was habe ich gefühlt, an was habe ich mich erinnert während der Auswahl?
Hat der Gegenstand auf dem Bild eine Bedeutung für mich?
Welche Bedeutung hat das Wohnzimmer in meinem Lebenshaus?
Ist das Wohnzimmer für mich die Mitte des Hauses (gewesen)?
Hat das Wohnzimmer nach dem Tod meines Angehörigen an Bedeutung verloren?
Welche Auswirkung hat der Verlust der Lebensmitte für mich?
Was im Wohnzimmer belastet mich heute?
Was darin ist für mich ein Licht- und Hoffnungszeichen?

5. Mandala-Malen

Das Ausmalen des Mandalas soll die Teilnehmer innerlich zur Ruhe kommen lassen. Durch die Einführungsgedanken wird das Gespräch zusammengefaßt und auf den Gedanken der Mitte hingelenkt, die nach dem Verlust des Angehörigen neu gefunden werden muß. Das Mandala kam bereits

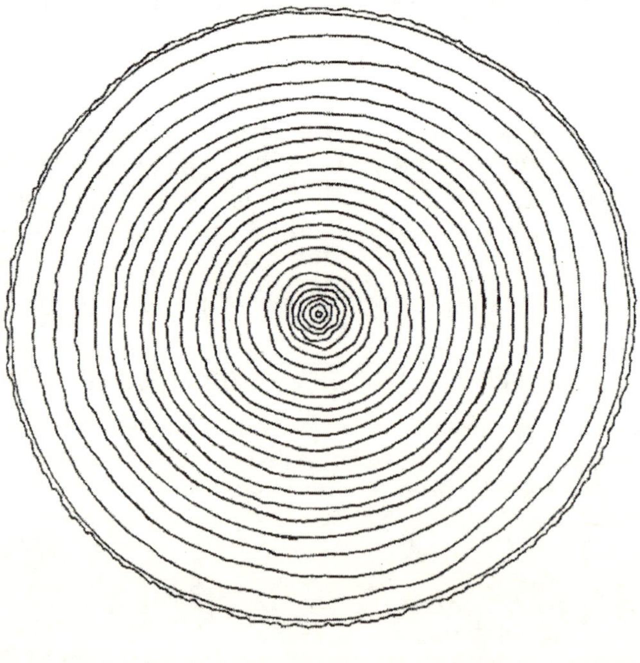

im Trauerkreis »Baum« (»Jahresringe«) zur Anwendung, wo die Intention dieselbe ist. Für Teilnehmer, die an diesem Trauerkreis teilgenommen haben, bedeutet die Wiederholung eine Verstärkung des Gedankens der Mitte.
Die Teilnehmer betrachten gemeinsam das Mandala. Gedanken hierzu: Das Wohnzimmer ist die Mitte unseres Lebenshauses. Um diese Mitte drehte sich früher alles in unserem Leben. Diese Mitte gilt es wieder neu zu entdecken.
Die Teilnehmer malen das Mandala in aller Stille aus. Meditative Musik wird eingespielt.

6. Schlußtext »Zur Mitte kommen«[3]

Die Mandalas werden nicht besprochen. Sie sollen als Erinnerung für die Teilnehmer zu Hause weiterwirken. Der Schlußtext rundet das Treffen ab mit dem Hauptgedanken, wieder eine Mitte finden zu müssen, um weiterleben zu können.
Das Textblatt wird nach dem Vorlesen an die Teilnehmer verteilt.

Ich komme zur Mitte und erneuere den Kreis.
Ich komme zur Mitte, die Nähe heißt.
Ich komme zur Mitte, die ans Licht mich führt.
Ich komme zur Mitte, in der man Wärme spürt.

Ich komme zur Mitte, die Ruhe schenkt.
Ich komme zur Mitte, die Kräfte lenkt.
Ich komme zur Mitte, die Freude teilt.
Ich komme zur Mitte, die Wunden heilt.

Ich komme zur Mitte, wo wir einander seh'n.
Ich komme zur Mitte, wo Menschen sich versteh'n.
Ich komme zur Mitte und mein Herz wird weit.
Ich komme zur Mitte – zur erfüllten Zeit.

Erfahrungsbericht

Das Thema »Wohnzimmer« weckt erwartungsgemäß starke Assoziationen und Erinnerungen. Die Teilnehmer schildern konkrete Erlebnisse mit den Verstorbenen, die sowohl unerwartete Freude als auch Traurigkeit auslösen. Die Bildmotive sprechen die Teilnehmer stark an: Manche können darin Gegenstände aus ihrem Wohnzimmer entdecken, mit denen wiederum Erinnerungen oder Geschichten verbunden sind. Die Auseinandersetzung damit kann Gefühle wecken, die manche Teilnehmer selbst nicht erwarten. Dies kann zur Klärung über verdrängte Emotionen und Gedanken anregen, die gerade am Wohnzimmer als dem Ort hängen, in dem die meisten Erinnerungsstücke stehen.

Drittes Treffen: Schlafzimmer

Ziel

Das Schlafzimmer ist der Ort, an dem der Verlust durch den Tod vielleicht am schmerzhaftesten deutlich wird. So kann aus der eigentlichen Bestimmung des Raumes – Erholung zu bieten – das Gegenteil erwachsen: Angst vor der Einsamkeit, ein Gefühl der Lähmung und des Ausgeliefertseins. Dieses Treffen dient dazu, die Teilnehmer sich bewußt mit dem Ohnmachtsgefühl auseinandersetzen zu lassen, das in dieser Phase der Trauer häufig deutlich erfahrbar wird. Eine möglichst bildhafte Gestaltung des Raumes hilft, Erinnerungen und Emotionen zu wecken, was wiederum die Offenheit fördern kann. Das für Trauernde nicht selten angstbeladene Thema »Schlaf« soll positiv gewendet werden.

Methoden

- Einstiegsimpuls
- Musikmeditation
- Gesprächsrunde
- Textlesung

Vorbereitungen

- **für jedes Treffen:** siehe »Begleitende Maßnahmen«, Seite 16 f.

- **für dieses Treffen:**
  - Lichthaus mit Kerze in die Mitte des Tischkreises stellen
  - Bildhafte Gestaltung des Raumes: Gegenstände aus dem Schlafzimmer (Decke, Kissen, Buch, Wecker, Nachttischlampe) als Dekoration in die Mitte des Raumes stellen
  - CD mit der Bach-Motette »Komm, Tod, du Schlafes Bruder« besorgen (eventuell auch ähnlich klingende Musik); da das Stück relativ kurz ist, sollte es zuvor mehrmals hintereinander aufgenommen werden bzw. der CD-Player entsprechend programmiert werden
  - Textblatt mit Schlußgedanken in entsprechender Zahl kopieren

Ablauf

1. Ankommensrunde

2. Einstiegsimpuls

Die bisherigen Trauerkreis-Treffen werden kurz wiederholt. Diese Übersicht mündet in das Thema »Schlafzimmer«; dadurch soll deutlich werden, wofür die einzelnen Räume stehen: Nach der Phase der ersten Erinnerung und von Augenblicken undefinierbarer Leere kommt ein Gefühl tiefster Nacht und des Ausgeliefertseins auf. Das Gedicht vom Ende des ersten Treffens wird als Einstieg für die weiteren Gedanken erneut vorgelesen. Es hilft, den Zusammenhang herzustellen:

In meinem Haus,
da lache ich, da weine ich, da träume ich.
In meinem Haus,
da wohne ich, da schlafe ich, da esse ich.
Und wenn ich will,
dann schließe ich die Tür und bin allein.
Und wenn du willst,
dann öffne ich die Tür und laß dich ein.

Das Haus als Symbol für mein Leben; mein Lebenshaus öffnen; andere in mein Lebenshaus blicken lassen – beim Durchschreiten dieses Hauses kamen wir zunächst im Wohnzimmer an. Es ist der Raum, in dem wir mit dem Verstorbenen viel Zeit verbracht haben und der durch viele Erinnerungen im Laufe der Jahre unverwechselbar geworden ist. Erinnerungen, die nun belasten können; die zumindest traurig machen, da sie uns immer wieder den Verlust vor Augen führen. In diesem Raum spüren wir nun die Leere, die der Tod in unserem Leben geschaffen hat.

Heute gehen wir weiter ins Schlafzimmer. Wir verbringen einen großen Teil unseres Lebens im Schlafzimmer. Es ist ein Ort des Rückzugs, der Erholung. Aber es ist auch ein Ort der Angst: Schlaf bedeutet, sich ins Ungewisse fallen zu lassen.
Das Schlafzimmer kann ein Ort der Lähmung sein: Die äußere Dunkelheit verstärkt die Dunkelheit in uns – das Gefühl der Verzweiflung und des Ausgeliefertseins.
»Tod ist des Schlafes Bruder« hieß es im Volksmund. »Schlaf« ist somit ein Symbol für Tod, das Schlafzimmer ein Ort, der den Tod symbolisiert.

3. Musikmeditation

Die Bachmotette »Komm, Tod, du Schlafes Bruder« wird eingespielt. Dieses Stück verstärkt durch seinen düsteren Charakter die Assoziation »Schlaf –

Tod«. Sie soll Emotionen wecken für die Auseinandersetzung mit dem »Schlafzimmer in meinem Lebenshaus« als Ort der Ruhe, an dem aber durch diese Ruhe wiederum der Gedanke an Tod und Sterben allgegenwärtig ist. Die Teilnehmer werden eingeladen, der Musik in Ruhe zuzuhören. Hierzu sollen sie sich bequem hinsetzen, die Augen schließen und sich die Begriffe »Schlaf« und »Dunkelheit« ins Gedächtnis führen.

4. Gesprächsrunde

Das Gespräch greift die Gefühle auf, die sich mit dem Gedanken an das »Schlafzimmer« verbinden und durch die Musik noch weiter verstärkt wurden. Ein Schwerpunkt ist die Thematisierung der Angst vor der Nacht des Todes, dem Ausgeliefertsein und der Einsamkeit.

Die Impulsfragen:

Welche Gefühle und Gedanken wurden während der Musik in mir ausgelöst?
Kann ich diese Gefühle beschreiben?
Welche Ursache haben sie?
Was verbinde ich mit dem Schlafzimmer, welche Erinnerungen werden dadurch wach?
Welche Bedeutung hat für mich das Schlafzimmer in meinem Lebenshaus, welche hatte es früher?
Hat der Gedanke an Nacht etwas Bedrohliches für mich?
Welche Bedeutung hat die Nacht heute für mich im Gegensatz zu früher?
Gibt es Momente in der Nacht, in denen Lichtschimmer für mich aufleuchten?

Falls das Thema »Träume« aufkommt, sollte darauf eingegangen werden. Den Teilnehmern kann die Bedeutung des Traumes und somit des Schlafes in der Bibel nahegebracht werden: »Im Nachtgesicht des Schlafes öffnet Gott das Ohr des Menschen.« Gedanken:

Die Bibel beschreibt in verschiedenen Erzählungen den Schlaf als wesentliches Merkmal von Zäsuren und Krisen im Leben, die den weiteren Lebensweg prägen. Ein Beispiel wird im Buch Genesis (28, 10–16) geschildert: Jakob und die Himmelsleiter. Der Schwerpunkt liegt auf dem letzten Satz des Textes: »Jakob erwachte aus seinem Schlaf und sagte: Wirklich, der Herr ist an diesem Ort, und ich wußte es nicht.«

Impulsfragen:

Habe ich Träume?
Sind diese Träume stärker als früher?
Welche Bedeutung messe ich Träumen bei?
Lösen Träume eher Furcht und Unruhe bei mir aus oder Hoffnung und inneren Frieden?

5. Schlußtext[4]

Das Thema »Schlafzimmer« mit den Assoziationen »Schlaf«, »Nacht«, »Ausgeliefertsein« und »Traum« soll positiv gewendet werden. Der Text soll als Impuls für zuhause weiterwirken.

Der Herr schuf den Menschen, daß er seinen Garten baue und bewahre. Eines Tages erzitterte die Erde und sprach zu ihrem Schöpfer: »Herr aller Welten. Meine Kraft reicht nicht, all die Menschen zu speisen.« Da sprach Gott: »Ich und du, wir wollen beide die Menschen ernähren.«
Und sie teilten ihre Arbeit untereinander auf. Gott übergab der Erde den Tag, und er stand ihr weiterhin bei und tränkte sie mit Regen, damit sie Frucht hervorbringt für alle.
Um die Nacht jedoch kümmerte sich Gott fortan alleine. Was tat er? Er schuf für den Menschen den Schlaf – als Speise und Heil, Leben und Erfrischung.
Die Seele, so heißt es, füllt den Leib des Menschen aus, aber in der Stunde, da der Mensch schläft, steigt sie zum Himmel empor und schöpft ihr Leben von oben.

Erfahrungsbericht

Die Bachmotette »Komm, Tod, du Schlafes Bruder« hat auf die Teilnehmer eine große Wirkung. Sie verstärkt den Gedanken der Ambivalenz des Schlafes als Bild für Erholung und Tod. Diese Ambivalenz ist aber tatsächlich ein Thema, das viele Trauernde bewegt. Bezeichnend ist die Äußerung eines Teilnehmers, er habe Angst vor dem Schlaf, weil er fürchte, nachts aufzuwachen. Andere Teilnehmer assoziieren mit »Schlaf« die Vorstellung, »in die andere Welt hinüberzugehen und morgens nicht mehr aufzuwachen«: Das Schlafzimmer wird so als Ort des Übergangs gesehen. Mit dem Thema »Träume« sollte auf jeden Fall gerechnet werden, da in vielen Teilnehmern der Wunsch vorhanden zu sein scheint, dem Verstorbenen wenigstens im Traum wiederzubegegnen.

Viertes Treffen: Badezimmer

Ziel

Aus der Dunkelheit der Nacht führt der erste Weg am Morgen ins Badezimmer, in den Raum, wo ich mich erfrische. Es ist damit ein Symbol des Aufbruchs und der Ermutigung. Doch auch dieser Ort hat etwas Zweideutiges: Neben dem »neuen Leben« steht er für Zurückgezogenheit – die ersten Aufbruchversuche sind mit Selbstzweifeln verbunden. Dieses Treffen soll das Gefühl für neues Leben aufgreifen, das bei vielen Trauernden nach einer gewissen Zeit wieder aufkommt. Zugleich soll es zu diesem neuen Leben ermutigen – aber mit der nötigen Sensibilität, da Trauernde sich häufig selbst nicht das Recht auf einen Neubeginn zugestehen. Die optische Raumgestaltung hilft Assoziationen zu wecken.

Methoden

- Einstiegsmeditation
- Fühlmeditation
- Phantasiereise
- Gesprächsrunde
- Textbetrachtung

Vorbereitungen

- **für jedes Treffen:** siehe »Begleitende Maßnahmen«, Seite 16f.

- **für dieses Treffen:**
  - Lichthaus mit Kerze in die Mitte des Tischkreises stellen
  - Wasserschüssel und größeren Spiegel als »Badezimmer«-Utensilien in der Raum- oder Tischmitte aufstellen
  - Korb mit kleinen Spiegeln in entsprechender Anzahl besorgen (in Drogeriemärkten erhältlich)
  - CD »Moldau« (Smetana) besorgen; Alternative: CD mit Wassergeräuschen
  - Textblatt mit Psalm 23 in entsprechender Anzahl kopieren

Ablauf

1. Ankommensrunde

2. Einstiegsmeditation

Die Teilnehmer werden für das Thema sensibilisiert. Gleichzeitig soll der Zusammenhang mit den vorhergehenden Treffen deutlich werden. Die beiden Grundgedanken dieser Sitzung – »Erfrischung nach der Nacht« und »Ort des Rückzugs und der Intimität« – sind Umschreibungen für den ersten Aufbruchversuch und die Selbstzweifel, die damit einhergehen und sich als hemmend erweisen.
Die folgende Einstiegsmeditation besteht neben den verbalen Elementen aus einer Tastübung mit Wasser und einer Beobachtungsübung mit kleinen Spiegeln. Der Ablauf sollte den Teilnehmern zuvor mit wenigen Worten erläutert werden. Gedanken:

In meinem Haus,
da lache ich, da weine ich, da träume ich.
In meinem Haus,
da wohne ich, da schlafe ich, da esse ich.
Und wenn ich will,
dann schließe ich die Tür und bin allein.
Und wenn du willst,
dann öffne ich die Tür und laß dich ein.

In unserem Haus haben wir nach dem Raum der Erinnerungen, dem Wohnzimmer, das Schlafzimmer durchschritten und die Nacht durchlebt. Nach dieser Nacht führt der erste Weg in das Badezimmer.

(Musik »Die Moldau« wird eingespielt)

Nach der Bedrückung, die die dunkle Nacht auslösen kann, steht das Badezimmer für Erfrischung und Ermutigung für den neuen Tag, auch wenn dieser Tag düster erscheinen mag.

(Die Wasserschüssel wird herumgereicht. Die Teilnehmer sollen ihre Hände darin eintauchen und das kühle Wasser spüren.)

Der Gedanke der Erfrischung weckt Hoffnung: Ich mache mich frisch, egal, was geschehen ist. Sich frisch machen im Badezimmer – das gibt mir Sicherheit. Es ist ein festes Ritual in meinem täglichen Leben.

(Die Musik wird leisegestellt und ausgeschaltet.)

Das Badezimmer ist zugleich ein Ort der Intimität. Es ist abgeschlossen. Es läßt mir Raum für Gedanken und Erinnerungen. Das kann neue Ängste und Selbstzweifel wecken. Ich schaue in den Spiegel und sehe mich selbst: mich und mein Leben und das, was daraus geworden ist.

(Der Korb mit den kleinen Spiegeln wird herumgereicht. Die Teilnehmer nehmen sich einen der Spiegel und betrachten sich darin.)

Ich bin allein mit mir. Ich schaue mich an! Ich sehe mein Gesicht im Spiegel. Es ist gezeichnet vom Leben, gezeichnet vom Tod – von der Erfahrung des Todes. Fragen spiegeln sich darin wider, Ängste, Zweifel, Selbstzweifel, Verzweiflung:
Wer bin ich?
Was ist aus mir geworden?
Wie lebe ich?
Was aus der Vergangenheit kommt mir beim Blick in den Spiegel in den Sinn?
Woran zweifle ich?
Woran verzweifle ich?
Wonach sehne ich mich?
Was gibt mir Sicherheit inmitten meiner Unsicherheit?

(Meditative Musik; am besten erneut »Die Moldau«; Laufzeit etwa drei Minuten.)

3. Gesprächsrunde

Die Teilnehmer werden aus der Einstiegsmeditation »zurückgeholt« mit dem Hinweis, die Gedanken nun in die Gesprächsrunde einzubringen. Mit den oben genannten Impulsfragen wird das Gespräch begonnen und weitergeführt.

4. Phantasiereise

Die Phantasiereise greift den Aspekt des Aufbruchs und der Erfrischung auf. Um den Übergang herzustellen, sollte das Gespräch zuvor abschließend auf diesen Gedanken gelenkt bzw. eventuelle Äußerungen aus dem Gespräch nochmals kurz aufgegriffen werden: das Badezimmer als Ort der Erfrischung und des Aufbruchs, was wenigstens für einige Augenblicke den Geschmack von Leben spüren läßt. Die Phantasiereise wird anschließend nicht weiter besprochen. Das Gefühl der Belebung soll meditativ in den Teilnehmern geweckt werden und weiterwirken. Die Phantasiereise wird mit ruhiger Stimme vorgetragen:

Ich möchte Sie zu einer Phantasiereise einladen. Setzen Sie sich bequem hin und schließen Sie die Augen. Achten Sie auf Ihren Atem. Lassen Sie beim Ausatmen die Erinnerung an all die Lasten der letzten Tage und Wochen wegfließen. Versuchen Sie, loszulassen, spüren Sie, wie Sie Ihren ganzen Körper mehr und mehr wahrnehmen.

(Kurze Pause)

Stellen Sie sich eine Quelle vor, irgendwo im Gebirge. Lassen Sie das Wasser aus einer Ritze im Felsen hervorquellen, so daß es unterhalb des Felsens in einem kleinen Bassin aufgefangen werden kann. Sehen Sie sich das reine Quellwasser an, es glitzert in der Sonne. Vielleicht hören Sie ein leises Plätschern. Wenn Sie möchten, können Sie auch den frischen Duft des Wassers einatmen oder den Duft der Bäume, das Aroma dieser Landschaft. Nehmen Sie diesen Platz in sich auf, wo alles klarer, reiner ist.

(Kurze Pause)

Nun können Sie an die Quelle treten und einen Schluck daraus trinken. Sie merken, wie es Ihnen gut tut. Lassen Sie es Ihr ganzes Wesen durchdringen und spüren Sie, wie Sie sich schon etwas leichter und frischer fühlen. Treten Sie langsam in das Becken und lassen Sie das Quellwasser über sich fließen. Stellen Sie sich vor, daß Ihre Haut durchlässig wird und das Wasser in Sie hinein- und durch sie hindurchfließen kann.

(Kurze Pause)

Nun können Sie sich auch vorstellen, daß das Wasser durch Ihr Herz strömt und durch Ihren Kopf. Lassen Sie alte, unangenehme Erinnerungen und quälende Vorstellungen wegspülen, Frustrationen, Streß, Sorgen, Ärger und Trauer. Lassen Sie all diese Empfindungen aus sich herausspülen und empfinden Sie, wie die Quelle Sie reinigt und belebt.

(Kurze Pause)

Jetzt können Sie langsam der Quelle und dem Gebirge »Auf Wiedersehen« sagen. Kehren Sie in den Raum hier zurück und bringen Sie dieses Gefühl der Frische und der Wachheit mit. Recken und strecken Sie sich und öffnen Sie die Augen: Sie sind erfrischt und wach.

5. Schlußtext: Psalm 23[5]

Der Gedanke und das Gefühl der Erfrischung soll den Teilnehmern durch den folgenden Text, der die gegensätzlichen Aspekte »Angst, Zweifel« und »Erfrischung« aufgreift, mitgegeben werden. Der Text dürfte den meisten Teilnehmern bekannt sein und sich ihnen durch die vorhergehenden Schritte in diesem Treffen vielleicht neu erschließen.

Der Herr ist mein Hirte, nichts wird mir fehlen.
Er läßt mich lagern auf grünen Auen, zum Ruheplatz am Wasser führt er mich.
Er stillt mein Verlangen, er leitet mich auf den rechten Pfaden.
Muß ich auch wandern in finsterer Schlucht, ich fürchte kein Unheil.

Denn du bist bei mir, dein Stab und dein Stock geben mir Zuversicht.
Du deckst mir den Tisch im Angesicht meiner Feinde.
Du salbst mein Haupt mit Öl, du füllst mir reichlich den Becher.
Nur Güte und Huld werden mir folgen, und wohnen darf ich im Hause des Herrn für lange Zeit.
Der Herr ist mein Hirt, er führt mich zum Wasser des Lebens.

Erfahrungsbericht

Thema und Einstiegsmeditation sprechen die Teilnehmer sehr an: Der Blick in den Spiegel fällt vielen nicht leicht. Kommentar einer Teilnehmerin: »Mir wurde bewußt, wie einsam ich bin.« Die Berührung mit dem Wasser wird als beruhigend und erfrischend empfunden, ebenso die Phantasiereise.

Fünftes Treffen: Küche

Ziel

Die Küche ist der Ort, an dem Nahrung zubereitet und aufgenommen wird – ein »Kraftzentrum«, das für den weiteren Weg rüsten kann. Dieses Treffen soll daher das Bewußtsein und das Gefühl stärken helfen, Kraft für den neuen Weg, der bereits begonnen hat, gewinnen zu müssen.

Methoden

- Einstiegsgedanken
- Märchenlesung
- Gegenstandsmeditation mit Hintergrundmusik

Vorbereitungen

- **für jedes Treffen:** siehe »Begleitende Maßnahmen«, Seite 16 f.

- **für dieses Treffen:**
  - Lichthaus mit Kerze in die Mitte des Tischkreises stellen
  - Mehrere Küchengegenstände als Raumdekoration auf einen Extratisch legen
  - Meditative Musik bereithalten
  - Textblätter »Der süße Brei« in entsprechender Anzahl kopieren

Ablauf

1. Ankommensrunde

2. Einstiegsgedanken

Der Zusammenhang der bisherigen Trauerkreistreffen wird hergestellt und damit deren Inhalt wiederaufgefrischt. Der Einstieg soll die Teilnehmer mit dem Thema »Küche« als dem Ort vertraut machen, an dem man Kraft für den neuen, schweren Tag schöpft. Somit symbolisiert »Küche« einen weiteren Schritt auf dem bereits begonnenen Weg in das neue Leben nach der Erfahrung der Nacht. Die Gedanken:

In meinem Haus,
da lache ich, da weine ich, da träume ich.
In meinem Haus,
da wohne ich, da schlafe ich, da esse ich.
Und wenn ich will,
dann schließe ich die Tür und bin allein.
Und wenn du willst,
dann öffne ich die Tür und laß dich ein.

In unserem Haus haben wir das Wohnzimmer als Ort der Erinnerung durchschritten. Wir sind ins Schlafzimmer, den Ort der Nacht, gegangen und haben uns danach im Badezimmer erfrischt. Wir haben den neuen Tag gespürt, sahen uns aber zugleich mit Zweifeln, Selbstzweifeln und Ängsten konfrontiert.
Heute betreten wir einen weiteren Raum: die Küche.
Nachdem ich im Badezimmer die Nacht abgeschüttelt und mich für den neuen Tag frischgemacht habe, beginne ich ihn bewußt mit dem Kaffeekochen. Für die meisten Menschen fängt der neue Tag damit erst richtig an. Es ist fast wie ein Einstiegsritual. Der Raum, in dem dieses Ritual stattfindet, ist die Küche. Sie ist ein Kraftzentrum, in dem wir die Nahrung für den Tagesweg bereiten. Eine Wohnung ohne Küche, ohne den Ort, an dem ich aus Rohstoffen Neues schaffen kann, ist nur schwer vorstellbar. Ohne Nahrung fehlt die Kraft, den schweren Weg auch nur zu beginnen.
Die Küche ist damit ein Bild für den Versuch, den Weg überhaupt zu wagen. Von Augustinus stammt der Satz: »Die erste Stunde am Morgen ist das Ruder des Tages.« Sie gibt den Rhythmus vor, mit dem ich den Tag gestalte.

3. Gegenstandsmeditation mit Musik

Ähnlich wie beim »Wohnzimmer« soll die Auswahl von Küchengegenständen, die auf einem Extratisch liegen, Erinnerungen und Gefühle wecken und somit für das Thema öffnen. Die Musik wird eingespielt, die Übung mit wenigen Worten erklärt. Sie erfolgt in aller Stille und ohne Eile. Einführende Worte:

Ich denke an meine Küche zuhause. Sie ist der Ort, an dem ich gemeinsam mit dem Verstorbenen vieles gemacht habe. Ich stoße auf viele Gegenstände, die mich an früher erinnern. Solche Gegenstände liegen auch hier im Raum. Ich schaue sie mir in aller Ruhe an. Und ich wähle einen Gegenstand aus, der mich besonders anspricht oder Erinnerungen in mir weckt.

(Die Musik läuft während der Auswahl und auch noch einige Zeit danach weiter.)

4. Gesprächsrunde

Das Gespräch greift die Emotionen auf, die durch die ausgewählten Gegenstände hervorgerufen wurden, und versucht insgesamt den hoffnungsmachenden Aspekt herauszuarbeiten, der in dem Gedanken steckt, Nahrung für einen Menschen und für sich selbst zu bereiten. Die Musik wird ausgeschaltet. Die Teilnehmer werden eingeladen, den Gegenstand, den sie ausgewählt haben, vorzustellen und zu beschreiben, weshalb sie ihn ausgewählt haben. Impulsfragen:

Wieso habe ich diesen Gegenstand ausgewählt?
Was spricht mich an ihm an?
An was erinnert er mich?
Welche Gedanken/Gefühle weckt er in mir?
Wie steht er mit dem verstorbenen Menschen in Verbindung?
Kann ich mit diesem Gegenstand heute noch etwas anfangen, oder habe ich Schwierigkeiten, ihn noch zu benutzen?

Welchen Stellenwert hat die Küche für mich heute im Gegensatz zu früher?
Wieviel Zeit habe ich früher in der Küche verbracht?
Hat sich an meinen Eßgewohnheiten seit dem Tod des Verstorbenen etwas verändert?
Wie beginne ich heute den Tag?
Hat der Beginn des Tages in der Küche noch dieselbe Bedeutung für mich?
Erfüllt mich der Gedanke an den Anfang des Tages und an Nahrungsaufnahme mit Hoffnung, oder läßt er mich kalt?
Was gibt mir Kraft für den neuen Tag?
Was kann ich tun, um wieder Kraft zu gewinnen?

5. Märchenlesung: »Der süße Brei«[6]

Das Märchen greift den Gedanken auf, daß ich durch Nahrung Kraft gewinne, übersteigert ihn aber insofern, als diese Nahrung nicht nur Kraft gibt, sondern gleichzeitig Kraft abverlangt – ein Bild für den Versuch, das Wagnis des Weges auf mich zu nehmen im Wissen darum, daß dieses Wagnis nicht einfach zu bestehen ist.

Es war einmal ein armes, braves Mädchen, das mit seiner Mutter allein lebte. Sie waren so arm, daß sie nicht einmal genügend zum Essen hatten. Da ging das Kind hinaus in den Wald. Dort begegnete ihm eine alte Frau, die von seinem Kummer schon wußte. Die alte Frau schenkte dem Mädchen ein Töpfchen, zu dem es sagen sollte: »Töpfchen koche!« Dann würde es guten süßen Griesbrei kochen. Und wenn es sagte: »Töpfchen steh!«, dann würde es wieder aufhören zu kochen. Das Mädchen brachte den Topf zu seiner Mutter

nach Hause, und sie mußten nicht mehr Hunger leiden. Sie aßen süßen Brei, sooft sie wollten.
Eines Tages aber war das Mädchen ausgegangen. Seine Mutter hatte Hunger und sagte zu dem Töpfchen: »Töpfchen koche!« Da kochte es und die Mutter konnte sich satt essen. Nun wollte sie, daß das Töpfchen wieder aufhören sollte zu kochen, sie wußte aber das Wort nicht mehr. Also kochte es weiter, und der Brei stieg über den Rand hinaus und kochte immerzu. Die Küche und das ganze Haus waren voll von Brei. Auch das zweite Haus und dann die Straße, als wollte es die ganze Welt satt machen. Das war die größte Not, und kein Mensch weiß sich in so einem Fall zu helfen. Endlich, als nur noch ein einziges Haus übrig war, kam das Kind nach Hause und sprach das Zauberwort: »Töpfchen steh!« Da hörte es auf zu kochen, und wer wieder in die Stadt wollte, mußte sich durchessen.

(Frei nach den Gebrüdern Grimm)

6. Kurzinterpretation des Märchens

Da das Märchen stark mit Symbolen arbeitet, sollte man den Teilnehmern eine Kurzinterpretation anbieten. Dieses Märchen ist nicht grundsätzlich ein »Trauermärchen«, bietet aber wie viele Märchen die Möglichkeit, die jeweilige Situation darin widerzuspiegeln. Von daher kann die Interpretation bewußt auf die Trauersituation gemünzt werden.

Die Küche ist der Ort, an dem Gemeinschaft erlebt wird – Gemeinschaft in Verbindung mit Essen, Nahrungsaufnahme, Stärkung. Und zwar zu jeder möglichen Zeit, in allen Phasen des Lebens, in fröhlichen oder schweren Momenten. Erinnerungen an solch fröhliche Augenblicke schlagen damit schnell um in dunkle Gedanken, wenn etwas nicht mehr so ist, wie es einmal war. Ein Küchengegenstand, der für mich zunächst Leben symbolisiert, ist durch diese Erinnerung an das Verlorene somit zugleich ein Symbol der Trauer und der Belastung.
Ähnlich verhält es sich in dem Märchen. Der Topf, der stets neuen süßen Brei produziert, ist ein Gegenstand der Freude, ein Symbol

des »süßen« Lebens, eines Lebens in Freude. Mit dem Verlust des Mädchens (des vertrauten Menschen) schlägt die Situation um: Die Mutter möchte, daß alles so ist wie bisher. Sie ignoriert, daß sich ihre Welt verändert hat. Statt der täglichen süßen Nahrung wird daraus aber eine unüberwindliche Menge an Brei – eine Umschreibung für Sorgen, Ängste, Zweifel und Unsicherheiten, die noch größer zu werden scheinen, je mehr man sich davon beeindrucken läßt. Der Spuk ist erst vorbei, als das Kind zurückkehrt: Es kehrt »nach Hause zurück« – im religiösen Sprachgebrauch bedeutet dies: »Es kehrt zu Gott zurück.« Für die Mutter kehrt es also verändert zurück: Für sie lebt es in anderer Weise weiter. Wenn die Mutter diese Veränderung zu erkennen beginnt, ist das »Zauberwort« des Mädchens das Signal für den Beginn der Arbeit: Der Prozeß, die Verlustsituation aufzuarbeiten, wird in Gang gesetzt. Dies ist eine zähe Arbeit. Im Märchen heißt es entsprechend: »Wer wieder in die Stadt wollte, der mußte sich durchessen.« Mit der Bereitschaft, den neuen Tag zu wagen, hat der schwere Weg erst begonnen.

(Das Märchen wird den Teilnehmern mitgegeben.)

Erfahrungsbericht

Der Gedanke an das Kaffeekochen am Morgen weckt intensive Erinnerungen: Manche Teilnehmer sehen darin »das Verbindende« schlechthin. Für viele ist der Kaffeetisch in der Küche der Platz, an dem sie mit dem Verstorbenen am häufigsten gesprochen haben. Die Veränderung durch den Todesfall läßt den Kaffee am Morgen »nicht mehr so schmecken wie früher«. Der Stellenwert der Küche ist mit dem Tod des Angehörigen für viele Teilnehmer gesunken, manche meiden sie sogar. In einigen Fällen aber kann der Bezug zur Küche ein Indikator für den Fortschritt auf dem Trauerweg sein. Eine Teilnehmerin, deren Todesfall schon einige Zeit zurücklag, teilte mit, sie habe sich neues Geschirr gekauft, weil sie annehme, es hätte ihrem Mann gefallen.

Sechstes Treffen: Keller

Ziel

Der Weg durch den neuen Tag ist mühsam: Dunkelheiten und Tiefen bleiben einem dabei nicht erspart. Der Keller ist ein Bild für Rückfälle: Fragen, Ängste, Selbstzweifel und Depressionen zeigen, daß noch längst nicht alles ist, wie es sein sollte und daß bzw. welcher Ballast im Keller des Hauses liegt. Dieses Treffen soll Rückschläge im Trauerprozeß als etwas Normales wahrnehmen helfen und klar machen, daß es nötig ist, sich mit dem Ballast, der häufig aus unerledigten Erinnerungen besteht, auseinanderzusetzen.

Methoden

- Phantasiereise
- Stille Phase mit Musik
- Gesprächsrunde
- Textbetrachtung mit Gespräch

Vorbereitungen

- **für jedes Treffen:** siehe »Begleitende Maßnahmen«, Seite 16 f.

- **für dieses Treffen:**
  - Lichthaus mit Kerze in die Mitte des Tischkreises stellen
  - Ein Koffer und eine Papp- oder Holzkiste stehen als Dekoration in der Raummitte
  - Phantasiereisetext vorbereiten
  - CD »Wachet auf, ruft uns die Stimme« von J.S. Bach oder ähnliche Musik aussuchen
  - Textblatt mit Schlußgeschichte in entsprechender Anzahl kopieren

ABLAUF

1. Ankommensrunde

2. Hinführung zum Thema »Keller«

Die bisherigen Trauerkreistreffen werden im Zusammenhang skizziert. Die Hinführung zum Thema dieses Treffens soll die Teilnehmer für Gefühle und für die anschließende Gesprächsrunde öffnen helfen. Grundgedanke: In der Trauerarbeit sind Rückschläge üblich und manchmal notwendig. Diese Hinführung stimmt gleichzeitig auf die nachfolgende Phantasiereise ein. Die Gedanken:

In meinem Haus,
da lache ich, da weine ich, da träume ich.
In meinem Haus,
da wohne ich, da schlafe ich, da esse ich.
Und wenn ich will,
dann schließe ich die Tür und bin allein.
Und wenn du willst,
dann öffne ich die Tür und laß dich ein.

Wir haben in unserem Lebenshaus das Wohnzimmer als Ort der Erinnerung durchschritten. Wir sind ins Schlafzimmer gegangen und haben die Nacht gespürt, um uns am frühen Morgen im Badezimmer zu erfrischen und auf den neuen Tag vorzubereiten, was uns aber nicht vor Selbstzweifeln und Ängsten bewahrt hat. In der Küche haben wir den neuen Tag bewußt begonnen: der Kaffee am Morgen ist ein Ritual des Einstiegs; die Nahrung aus der Küche gibt uns Kraft, den Tag überhaupt anzugehen. Heute schreiten wir einige Etagen tiefer in unserem Lebenshaus. Wir gehen in den Keller.
Der Keller ist der Raum, in dem Gegenstände gelagert werden, die ich nicht mehr brauchen kann oder von denen ich zumindest glaube, daß ich sie nicht mehr brauche. In ihm habe ich Gegenstände und Dinge abgelegt, mit denen ich nichts weiter anfangen konnte; Dinge, die unerledigt bleiben. Sie liegen in Kisten oder in alten Koffern verpackt.
Manchmal entdecke ich im Keller unerwartet etwas, das im Bewußtsein für mich nicht mehr vorhanden war, im Unterbewußten sehr wohl. Es existiert spätestens dann wieder für mich, wenn ich es erneut vor Augen habe. Dann kann es für mich zum Ballast, zur Belastung werden; denn ich hatte es nur vor meinen Augen weggeschlossen, mich aber nie davon getrennt.
Im Keller ist es dunkel und staubig, manchmal auch beängstigend und beengend. Der Keller ist unbewohnt und somit leblos: Man betritt ihn nicht gerne. Aber manchmal kann er auch ein Raum des

Rückzugs sein. Ein Ort, an dem man kleine Arbeiten verrichtet, seiner Phantasie freien Lauf läßt und Erinnerungen nachgehen kann.

3. Phantasiereise

Die Phantasiereise konfrontiert die Teilnehmer mit den dunklen Stunden ihrer Trauer, die sie immer wieder in die Tiefe ziehen kann. Das bewußte Hinabsteigen in den Keller soll das Vorhandensein von Ballast deutlich machen und zur späteren Aufarbeitung animieren.
Die Phantasiereise wird ruhig und mit Pausen vorgetragen.

Ich setze mich bequem hin und schließe die Augen. Ich hole ein paarmal tief Luft. Ich mache mir klar, daß ich eine Menge überflüssiges Gepäck aus meiner Vergangenheit mit mir herumtrage: alte Gefühle und Erinnerungen, die mich belasten; alte Verhaltensmuster, die mir nicht mehr helfen; Ansichten, die meine Weltsicht einschränken; pessimistische Einstellungen; schmerzliche Erinnerungen; Sorgen.

(Kurze Pause)

Ich stelle mir nun vor, daß ich eines Tages beschlossen habe, in den Keller meines Hauses zu gehen. Heute will ich diesen Entschluß in die Tat umsetzen. Ich öffne die Kellertür, mache das Licht an, gehe vorsichtig die Kellertreppe hinunter und entdecke im Kellerraum viele Dinge, die ich schon fast vergessen habe. Ich stöbere darin etwas herum und sehe einiges, was ich eigentlich schon lange gerne loswerden wollte. Jedes Stück hat einen Aufkleber, der den Inhalt identifiziert. Zuerst sehe ich einen alten Handkoffer mit dem Aufdruck »einengende Weltsicht«. Ich öffne diesen Koffer und schaue nach, ob alles darin ist, was ich gerne aufgeben möchte. Vielleicht finde ich ja einige Dinge, die solch eine einengende Weltsicht symbolisieren. Ich lasse mir Zeit, den Inhalt dieses Koffers zu studieren.

(Pause)

Ich schließe den Koffer und stelle ihn auf die Seite, um ihn später mit nach oben zu nehmen. An einer anderen Stelle im Keller steht ein schäbiger Reisekoffer mit dem Aufdruck »schmerzliche Erinnerungen«. Er ist voller Bilder und alter Fotos und mit handschriftlichen Aufzeichnungen vermischt. Ich schaue mir den Inhalt an und prüfe nach, ob ich nichts vergessen habe. Und wenn ich noch andere traurige Erinnerungen »entsorgen« möchte, dann packe ich sie dazu.

(Pause)

Ich stelle diesen Koffer zu dem anderen. Ich wende mich dem Korb zu, auf dem der Aufdruck »Hilflosigkeit« zu lesen ist. Ich prüfe auch hier nach, ob der Inhalt vollständig ist, und wenn mir noch weitere Hilflosigkeiten einfallen, dann packe ich sie in den Korb dazu.

(Pause)

Ich stelle den Korb zu den beiden Koffern. Noch ein Behälter steht im Raum: eine alte, fast kaputte Truhe mit dem Aufdruck »Probleme«. Vielleicht öffne ich auch sie und schaue nach, ob alle Probleme, denen ich in Zukunft kein Augenmerk mehr schenken möchte, vollständig in der Truhe vorhanden sind.

(Kurze Pause)

Ich trage auch die Truhe zu den anderen Dingen, um sie nach oben zu bringen, stelle aber fest, daß ich sie nicht alleine tragen kann. Vielleicht erinnere ich mich ja an einen Menschen, der nicht mehr da ist. Wenn er aber da wäre, dann würde er mir sicherlich helfen wollen. Ich stelle mir vor, daß dieser Mensch da wäre und mir helfen würde, den Keller aufzuräumen und das Bereitgestellte nach oben zu tragen.

(Pause)

Ich weiß nun, daß es an der Zeit war, die alte »einengende Weltsicht«, die »schmerzlichen Erinnerungen«, die »Hilflosigkeiten« und die »Probleme« nach oben zu bringen. Diese Vorstellung erleichtert mich nicht nur, sondern bereitet mir auch Schmerz: den Schmerz der Trennung. Ich kann mir den Abschied aber leichter machen, wenn ich akzeptiere, daß all diese Dinge früher einmal wichtig für mich waren, nun aber nicht mehr gebraucht werden.

(Kurze Pause)

Während ich nun gemeinsam mit der hilfreichen Person an meiner Seite die Gegenstände langsam die Kellertreppe nach oben trage, erlebe ich etwas Merkwürdiges: Ich merke, wie mich das Tageslicht, das durch die geöffnete Kellertür fällt, magisch anzieht. Vielleicht kann ich schon eine gewisse Erleichterung spüren, weil ich mich entschlossen habe, loszulassen. Vielleicht empfinde ich diese Erleichterung später noch stärker; ein Gefühl das sich dann auch körperlich ausdrückt. Ich nehme etwas von dem hellen, klaren Tageslicht in mir auf: Licht für meinen weiteren Weg in die Zukunft.

4. Stille Phase mit Musik

Kommentarlos und direkt im Anschluß an die Phantasiereise wird das Stück »Wachet auf, ruft uns die Stimme« von J. S. Bach eingespielt. Die Musik wird nach etwa drei Minuten langsam leisergestellt und ausgeschaltet. Anschließend werden die Teilnehmer wieder aus der meditativen Phase zurückgeholt:

Bevor ich wieder von meiner Reise zurückkomme, mache ich mich mit dem Gedanken vertraut, diese kleine Übung für mich allein öfters zu wiederholen. Von Zeit zu Zeit überprüfe ich, welche Dinge ich aus dem Keller meines Lebenshauses entfernen möchte, weil sie eher eine Last als eine Kraftquelle sind. Nun kehre ich in den Raum hier zurück. Ich öffne meine Augen, atme tief ein, strecke mich. Ich bin erfrischt und fühle mich unbelastet und wach.

5. Gesprächsrunde

Die Gesprächsrunde dient zunächst dem Zweck, die Gefühle und Erlebnisse während der Phantasiereise zur Sprache kommen zu lassen. Sie soll gleichzeitig nochmals den Gedanken des Ballastes und seiner Verdrängung im Trauerprozeß thematisieren und den Umgang damit klären helfen. Impulsfragen:

Wie ist es mir während der Traumreise gegangen?
Was habe ich während der Traumreise gesehen?
Was habe ich gefühlt?
Was habe ich »im Keller« gefühlt und gesehen?
Hat mich der Keller belastet?
Welche Bedeutung messe ich dem Keller in meinem Lebenshaus bei?
Wie gehe ich mit den Dingen um, die ich nicht aufgearbeitet habe?
Was ist für mich Ballast?
Wie könnte ich mit diesem Ballast umgehen?
Gibt es etwas an diesem Ballast, das ich nicht herzeigen kann?
Was muß ich nicht mehr verborgen halten?
Wo sehe ich Hoffnung, daß ich etwas hergeben und loslassen kann?
Habe ich Licht im Keller gespürt?
Welche Gefühle hat dies ausgelöst?
Woher könnte das Licht kommen?
Kann ich mit der Vorstellung, daß der Verstorbene mir beim Tragen des Ballasts hilft, etwas anfangen?

6. Schlußgeschichte: »Der geheime Raum«[7]

Die Geschichte schließt das Treffen ab. Sie greift nochmals die Elemente der Phantasiereise und den Grundgedanken des unaufgearbeiteten Ballastes auf. Sie soll der weiteren Auseinandersetzung dienen und wird den Teilnehmern für zuhause mitgegeben.

Ein Mann war auf Wanderschaft. Gegen Abend kehrte er in einer Herberge ein. Dort aß er, trank Wein und wollte Quartier für die Nacht. Bevor er sich zur Ruhe begab, sagte er zum Herbergsvater: »Bevor ich schlafen gehe, möchte ich gerne dein Haus sehen.« Der Herbergsvater war überrascht. Doch da der Fremde sehr freundlich war, zeigte er ihm das Haus. Daraufhin sagte der Mann: »Dein Haus habe ich gesehen. Zeige mir auch noch den Keller.«

Der Herbergsvater zögerte. Doch dann zeigte er dem Fremden den Keller. Als sie wieder die Treppe nach oben steigen wollten, fiel der Blick des Fremden auf eine Tür, die verschlossen geblieben war. Er zeigte auf die Tür und sagte: »Auch diesen Raum möchte ich sehen.« Der Herbergsvater wehrte ab: »Darin liegt nur Gerümpel!« Liebevoll, aber mit Nachdruck bat der Fremde, in diesen Raum eingelassen zu werden. Dort standen viele Kisten, es sah verstaubt und unordentlich aus. Der Fremde öffnete eine Kiste nach der anderen und nahm behutsam Stück für Stück – abgetragene Schuhe, alte Kleider, zerrissene Socken – in die Hand, sah es an und legte es sorgfältig wieder an seinen Platz. Als der Fremde alles gesehen hatte, lächelte er den Herbergsvater an, bedankte sich, daß er alles hatte sehen dürfen und legte sich zur Ruhe. Am nächsten Morgen verabschiedete er sich und zog weiter.
Monate später kam er erneut zur Herberge. Der Herbergsvater begrüßte ihn freudig: »Ich bin froh, daß du damals darauf bestanden hast, auch meinen Keller und all das Gerümpel zu sehen. Seither habe ich keine Angst mehr, jemand könnte meine Kisten und meine Unordnung entdecken. Du hast mir gezeigt, wie ich mit diesen alten Sachen umgehen kann. Ich halte sie nun nicht mehr verborgen.«

Erfahrungsbericht

Die Auseinandersetzung mit dem »Keller« und seiner weiterführenden Symbolik (»etwas wegpacken«) ruft bei vielen Teilnehmern verdrängte Erinnerungen und Erlebnisse hervor. Der Weg in den Keller während der Phantasiereise kann Furcht auslösen, da hier Urängste vor dem Keller wachgerufen werden. Das Bild vom Ballast, der in einer Kiste oder in einem Koffer weggeräumt ist, spricht die Teilnehmer direkt an, da ihnen dadurch bewußt wird, daß vieles in ihrem Leben, speziell in der derzeitigen Situation, nicht aufgearbeitet ist.

Siebtes Treffen: Vorratskammer

Ziel

Die Vorratskammer ist der letzte Raum im Lebenshaus. Man betritt sie erst, wenn man etwas wirklich benötigt. Von ihren Vorräten zehrt man, wenn sonst nichts mehr da ist, das weiterhilft: Wo sind solche Vorräte in meinem Leben, wenn es einmal nicht mehr weitergeht? Dieses Treffen soll die Teilnehmer dafür sensibilisieren, solche Hilfen zu erkennen und anzunehmen. Gleichzeitig soll reflektiert werden, inwieweit der Trauerkreis den Teilnehmern als »Vorratskammer« für die Zeit danach dienen kann.

Methoden

- Einstiegsmeditation
- Gesprächsrunde und Reflexion
- Schreibmeditation
- Textlesung

Vorbereitungen

- **für jedes Treffen:** siehe »Begleitende Maßnahmen«, Seite 16 f.

- **für dieses Treffen:**
  - Lichthaus mit Kerze in die Mitte des Tischkreises stellen
  - Verschiedene Wohnungsgegenstände der vorausgegangenen Treffen auf einem Tisch in der Raummitte aufstellen
  - Ein großes Einweckglas in die Mitte dieses Tisches stellen
  - Notizzettel und Schreibstifte an den Plätzen bereitlegen
  - Kleine, leere Einweck- oder Schraubgläser bereitstellen
  - Korb mit kleinen Marmeladengläsern in Anzahl der Teilnehmer bereitstellen; daran das Textblatt zusammengerollt mit der Schlußgeschichte befestigen
  - CD mit meditativer Musik aussuchen

Ablauf

1. Ankommensrunde

2. Einstiegsmeditation

Die Einstiegsmeditation führt zunächst nicht auf das Thema dieses Treffens hin. Sie soll die Teilnehmer stattdessen noch einmal auf den Weg durch das Lebenshaus schicken und dabei Gefühle, Fragen und Erkenntnisse bewußt machen, die in den vergangenen Treffen bei den Teilnehmern geweckt wurden und eventuell aufgegriffen werden sollten.
Die Teilnehmer werden auf die Wohnungsgegenstände am Tisch hingewiesen. Sie betrachten sie eine Weile still. Weiterführende Gedanken:

Diese Gegenstände symbolisieren die bisherigen Räume im Haus, durch die wir gegangen sind: das Wohnzimmer; das Schlafzimmer; das Badezimmer; die Küche; den Keller. Wir betrachten diese Gegenstände und versuchen, uns mit ihrer Hilfe an diese Räume und an die vergangenen Treffen zu erinnern.

In meinem Haus,
da lache ich, da weine ich, da träume ich.
In meinem Haus,
da wohne ich, da schlafe ich, da esse ich.
Und wenn ich will,
dann schließe ich die Tür und bin allein.
Und wenn du willst,
dann öffne ich die Tür und laß dich ein.

Ich gehe noch einmal durch das Haus und durchschreite die einzelnen Zimmer. Dabei stelle ich mir Fragen:
Welcher Raum hat mich am meisten angesprochen?
Spricht er mich heute immer noch so an?
Welcher Raum spricht mich im Moment an?
Wie geht es mir im Vergleich zum Beginn des Weges durch das Haus?

Ich schließe meine Augen.
Ich stehe vor dem Lebenshaus. Die Tür ist offen, der Blick nach innen ist frei. Ich betrete das Haus. Ich gehe durch das Haus. Ich spüre nach: Wo fühle ich etwas? Wo bleibe ich hängen? Was fällt mir auf? Welche Gefühle stören mich? Welche Gefühle helfen mir? Welche Gefühle bauen mich auf? Nehme ich Barrieren oder Hindernisse wahr?

Ich schreite noch einmal durch das Wohnzimmer. Es ist die Mitte des Hauses, ein Ort der Erinnerung. Nach dem Tod des mir vertrauten Menschen ist diese Mitte leer, sinnlos geworden. Ich betrete das

Schlafzimmer, den Raum, in dem ich die Nacht verbringe, mich erhole, aber auch die Dunkelheit und die Belastung spüre. Ich komme im Badezimmer an, in dem ich mich für den anbrechenden Tag frisch mache, in dem ich jedoch zugleich von Selbstzweifeln gepackt werde. In der Küche stärke ich mich für den neuen Tag, dem ich mich bewußt stelle, auch wenn ich weiß, daß der Weg schwer wird. Ich steige hinab in den Keller. Dort liegen Dinge in Kisten und Koffern verpackt, die ich aus den Augen und aus dem Bewußtsein verloren habe; Dinge, die unerledigt blieben; Ballast. Ich gehe noch einmal durch die Räume des Hauses, meines Lebenshauses. Und ich spüre nach, was mich besonders anspricht.

3. Gesprächsrunde und Reflexion

Die Teilnehmer sollen Gelegenheit haben, nochmals zu äußern, was sie während des Trauerkreises besonders bewegt hat und was für sie davon nach wie vor im Raum steht. Für den Gesprächseinstieg und dessen weitere Strukturierung können die bereits erwähnten Impulsfragen nochmals aufgegriffen werden:

Welcher Raum hat mich am meisten angesprochen?
Welcher Raum spricht mich im Moment an?
Wie geht es mir im Vergleich zum Beginn des Weges durch das Haus?
Wo komme ich nicht weiter?
Welche Barrieren und Hindernisse hemmen mich?
Welche Gefühle stören mich?
Welche Gefühle helfen mir?
Welche Gefühle bauen mich auf?

4. Schreibmeditation

In diesem Schritt lernen Teilnehmer das letzte Zimmer dieses Trauerkreises kennen: die Vorratskammer. Die Teilnehmer sollen damit den Raum in ihrem Lebenshaus wahrnehmen, in dem sie Reserven finden für den weiteren Weg, speziell den Trauerweg. Eine Vorratskammer muß zuvor aufgefüllt werden. Der Trauerkreis versucht seinen Teil dazu beizutragen. Die Teilnehmer sollen darüber nachsinnen, welche Reserven sie aus dem Trauerkreis in die Vorratskammer ihres Lebenshauses mitnehmen.
Eine kurze thematische Einführung öffnet zunächst für das Thema. In der folgenden stillen Schreibmeditation notiert jeder Teilnehmer für sich seine Eindrücke. Die Teilnehmer werden auf das große Einweckglas in der Tischmitte hingewiesen; Gedanken zum Thema:

Eine Tür unseres Hauses ist noch verschlossen. Sie wird in der Regel nur geöffnet, wenn wir etwas brauchen. Die Vorratskammer, um die es geht, ist ein Symbol dafür, in schweren Zeiten einen Vorrat zu haben: an Gefühlen, die einen fröhlicher stimmen; an Erinnerungen, die Kraft geben können. In die Vorratskammer gehen heißt, etwas herauszunehmen, um damit etwas zu machen, zu leben. Im Gegensatz zum Keller ist die Vorratskammer wohlgeordnet: Mit einem Griff finde ich, was ich brauche. Oft entscheidet sich beim Blick in die Vorratskammer spontan, was ich heute »koche«; nicht selten eröffnet mir dieser spontane Blick ungeahnte neue Möglichkeiten. Der Trauerkreis versuchte, den Blick für die Vorräte und Reserven in meinem Leben, in meiner Umgebung und in mir selbst öffnen zu helfen. Um mir darüber noch einmal klar zu werden, denke ich über folgende Fragen nach:

Was nehme ich aus dem Trauerkreis mit?
Was bleibt für mich?
An was erinnere ich mich?

(Die Teilnehmer notieren auf den bereitliegenden Notizzetteln ihre Eindrücke und Gedanken. Im Hintergrund spielt meditative Musik.)

5. Schlußaktion; Geschichte »Das Leben ist stärker«[8]; Verabschiedung

Es werden kleine leere Einweck- oder Schraubgläser verteilt. Die Teilnehmer sollen darin ihre Notizen wie in »Vorratsgläser« verschließen. Wer möchte, kann seine Gedanken zuvor den anderen mitteilen. Die Musik spielt währenddessen weiter.
Die Schlußgeschichte, ein Märchen, setzt den Schlußpunkt unter den Trauerkreis. In ihm geht es darum, trotz aller Trauer das eigene Leben nicht aus dem Blick zu verlieren und sich dafür die Kraft zu erhalten. Jeder Teilnehmer erhält ein kleines Marmeladenglas, an dem die Geschichte zusammengerollt befestigt ist, auch dies ein »Vorrat« auf dem weiteren Trauerweg. Die Teilnehmer werden abschließend auf den Beginn des nächsten Trauerkreises hingewiesen.

Ein Mann merkte, daß er sterben sollte. Er rief seine Freunde und sagte: »Ich werde sterben. Wenn ich tot bin, legt mich auf die Totenbahre und laßt meine rechte Hand herabhängen. Meine Mutter wird dann wissen, daß alles mit rechten Dingen zugegangen ist.«
Als der Mann gestorben war, taten die Freunde, worum er sie zuvor gebeten hatte. Dann schickten sie nach seiner Mutter. Sie sah, daß alles mit rechten Dingen zugegangen war und sagte: »Auf der Erde ist nichts ewig. Was kommt, das geht auch.«
Doch sie sprach noch weiter: »Ich erlaube nicht, daß ihr meinen Sohn begrabt. Ich werde an seinem Kopfende Totenwache halten.«
Die Leute waren besorgt: »Wie soll das enden, wenn die Mutter nicht erlaubt, den Toten zu begraben?« Aber sie konnten gegen ihren Willen nichts ausrichten. So bahrten sie den Toten in einem leeren Zimmer auf. An der Decke hoch über ihm aber hängten sie einen Korb

mit Brot und einen Krug mit Wasser. Dann ließen sie die Mutter allein.

Die Tage kamen und gingen. Die Mutter spürte zuerst nur ihren Schmerz. Dann aber spürte sie Hunger und Durst. Und diese beiden wurden mächtiger. Sie hob ihren Blick von dem toten Sohn weg und schaute sich im Zimmer um. Da sah sie den Krug und den Korb an der Decke hängen. Sie türmte Polster und Decken, alles, was sie fand, auf, kletterte hinauf und holte das Wasser und das Brot herunter. Sie trank und aß. Dann öffnete sie die Zimmertür und sagte: »Begrabt meinen Sohn! Das Leben ist stärker als der Tod!«

Erfahrungsbericht

Dieses letzte Treffen bietet die Chance, Gedanken und Eindrücke, die sich in den Wochen des Trauerkreises entwickelt haben, noch einmal anzusprechen. Dabei zeigt sich, daß manche Räume des Lebenshauses im nachhinein anders auf die Teilnehmer wirken als noch während des entsprechenden Treffens. Auffällig ist dies beim »Keller«, der zuvor eher Ängste ausgelöst hatte. Einige Wochen danach ist der Keller für einige Teilnehmer der Ort, durch den sie nach eigenen Worten »über den eigenen Schatten springen« und wieder Kontakt zu anderen Menschen aufnehmen konnten – fast so, wie es in der Geschichte »Der geheime Raum« beschrieben ist. Rückblickend betrachtet, erweist sich das Thema »Haus« insgesamt als sehr ansprechend und anregend und als Thema für einen Trauerkreis gut geeignet.

Trauerkreis »Farben und Märchen«

Farben drücken Gemütszustände aus. Sie können gleichzeitig Auswirkungen auf Gemütszustände haben. Im Trauerkreis symbolisieren sie – entsprechend der Farbskala vom Dunkeln ins Helle – Stationen und Gefühlslagen auf dem Trauerweg. Am Ende steht der Regenbogen als Zeichen der Hoffnung. Märchen greifen auf die Farbsymbolik zurück und erweitern deren Aussagen um eine Sinnebene.

Erstes Treffen: **Schwarz und das Märchen vom Schatzkästlein**
»Schwarz« ist die Farbe des Todes. Sie steht für die Lähmung und Erstarrung am Anfang des Trauerweges. Doch nur die Öffnung auf die Auseinandersetzung mit der Situation ermöglicht einen Weg »ins Helle«. Märchen können zu dieser Öffnung beitragen – und so zum Schatzkästlein werden.

Zweites Treffen: **Violett und das Märchen vom Tränenkrüglein**
Melancholie, Trauer und Verzweiflung treten an die Stelle der Lähmung: Die Trauerarbeit beginnt. Violett gilt in der Farbpsychologie als die Farbe der Vergänglichkeit und der Trauer. Im Herbst tragen manche Früchte und Blätter diese Farbe. Traurigkeit zuzulassen gehört zum Leben; und zu leben sollte auch in der Trauer nicht vergessen werden – so der Kern des Märchens.

Drittes Treffen: **Blau und das Märchen von den drei Schlüsseln**
Blau – die Farbe des Himmels, der Transzendenz: Die Sehnsucht nach etwas, das von außen das innere Gefängnis der Traurigkeit öffnet und Hilfe bringt, erwacht. Die Symbolsprache im Märchen beschreibt, was eine solche Öffnung bewirken kann.

Viertes Treffen: **Rot und das Märchen von Jorinde und Joringel**
Das Leben scheint zum Trauernden zurückgekehrt zu sein; jedoch in unruhiger Weise: Rot ist die Farbe des Aufbrechens und des Aufbegehrens – eine Gegenreaktion zur Lähmung davor. Das Märchen beschreibt dies mit der Suche nach Leben und dem Aufkommen neuer Gefühle.

Fünftes Treffen: **Braun und das Märchen vom Abschied**
Selbstzweifel, Fragen und ein schweres Gemüt lähmen erneut. »Braun« steht für Unterbrechung im bisherigen Aufbrechen. Das wiedergewonnene Leben wird hinterfragt. Die Erkenntnis bildet sich heraus, daß das Leben nie mehr so sein wird wie früher – das Thema des Märchens.

Sechstes Treffen: **Gelb und das Märchen vom Land Malon**
Das Gefühl zu leben ist zurückgekehrt, allerdings ohne die Unruhe in der Zeit vorher: Nach dem Rückfall in Selbstzweifel und dunklere Gefühle symbolisiert das »Gelb« der Sonne ein helleres, klares Leben, das nur durch das Durchleben des Dunkels erreicht werden kann. Die Kälte der Nacht hat der Wärme der Sonne Platz gemacht. »Wärmende Erlebnisse« tragen dazu bei, Gefühle für das Leben zu entwickeln. Dies wird durch Märchen symbolisiert.

Siebtes Treffen: **Grün und das Märchen von der anderen Brücke**
»Grün« ist ein Symbol für Hoffnung und für Kraft, die aus der Mitte erwächst. Das Gefühl für diese Kraft soll zur weiteren Bewältigung der Trauer im Alltag helfen. Die Farbe »Grün« liegt in der Mitte des Regenbogens. Auch der Regenbogen ist ein Zeichen der Hoffnung. Für Trauernde kann er zum Symbol einer Brücke werden, die von der dunklen Nacht in den hellen Morgen führt. Das Märchen vertieft diesen Gedanken und führt ihn weiter.

Erstes Treffen: Schwarz und das Märchen vom Schatzkästlein

Ziel

Die Teilnehmer werden mit dem Anliegen und dem Inhalt des Trauerkreises vertraut gemacht. Mit der Farbe »Schwarz« für das erste Treffen wird die Lähmung nach dem Todesfall aufgegriffen. Das Märchen verdeutlicht, daß es nötig – und möglich – ist, aus dieser Lähmung herauszufinden.

Methoden

- Stille Phase mit Musik
- Gesprächs- und Vorstellungsrunde
- Textlesung

Vorbereitungen

- **für jedes Treffen:** siehe »Begleitende Maßnahmen«, Seite 16 f.

- **für dieses Treffen:**
  - Großes Märchenbuch und große Kerze in die Tischmitte stellen
  - Tisch- oder Ziertücher in schwarzer Farbe (wenn möglich)
  - Als Märchenbuch beschriftete kleine Notizbüchlein in entsprechender Anzahl in einem kleinen Korb bereitlegen
  - Textblatt mit dem Märchen »Schatzkästlein« und dem Gebet in entsprechender Anzahl kopieren
  - Trauerkreisregeln« (siehe Seite 18) in entsprechender Anzahl kopieren
  - Liste mit Terminen der nächsten Treffen in entsprechender Anzahl kopieren
  - Meditationsmusik auswählen

ABLAUF

1. Ankommensrunde (etwa 30 Minuten)

Bei Hintergrundmusik, Kaffee und Kuchen ungezwungenes Kennenlernen der Teilnehmer.

2. Allgemeine Begrüßung; Vortragen der »Trauerkreisregeln«

Durch die Trauerkreisregeln erfahren die Teilnehmer Inhalt, Absicht, Rahmen, Ablauf und Gesprächsregeln. Dies soll ihnen helfen, ihre Motivation für die weitere Teilnahme zu klären.

3. Thematischer Einstieg

Allgemeine Einführung in die Bedeutung der Farbe »Schwarz« und der Verwendung von Märchen im Trauerkreis: »Schwarz« als Farbsymbol des Todes, aber auch der Lähmung; »Schwarz« als Ausdruck des Gemütszustands der Trauernden. Märchen helfen in ihrer Symbolik, sich mit der eigenen Situation auseinanderzusetzen. Die Teilnehmer werden auf das Märchenbuch, die Kerze und das schwarzes Tischtuch in der Tischmitte hingewiesen. Einleitende Gedanken:

Märchenbuch, Kerze und Farbe sind durchgehende Elemente in diesem Trauerkreis. Die Farbe »Schwarz« erinnert an den Gemütszustand, in dem sich einige von Ihnen befinden mögen. Es ist die Farbe der Trauer, die Farbe der Friedhöfe, die Farbe während der Beerdigung; die Farbe schwerer Zeiten. In schweren Zeiten flüchten sich viele Menschen in Träume und in eine Phantasiewelt. Märchen sind Geschichten, die uns für eine begrenzte Zeit in die Welt der Phantasie flüchten lassen; Geschichten, in denen stellvertretend mit dem gerungen wird, was uns bewegt. Manchmal gelingt es Menschen, für Momente in die Welt der Märchen einzutreten und dort etwas zu erleben, das ihr Leben verändert – sofern sie wieder in die Welt des Alltags zurückfinden! Denn nur wenn die Welt des Alltags und die Welt des Märchens einander ergänzen, wird die eine Seite an der anderen gesund. Ein Märchen kann damit wie ein Schatz sein, den man findet und der das Leben vollständig verändert. Ein Märchenbuch wird zum Schatzkästlein. Man öffnet es und findet kostbare Dinge darin. Das folgende Märchen deutet dies an.

4. Märchen: »Das Schatzkästlein«

Dieses Märchen symbolisiert zunächst ganz allgemein, welche »Schätze« sich in Lebensgeschichten verbergen können. Dabei spielt der Vorgang des Öffnens eine wesentliche Rolle. Dies soll außer durch den Textvortrag auch dadurch betont werden, daß das Märchenbuch (bei diesem wie auch in den folgenden Treffen) vor dem Lesen demonstrativ aufgeschlagen wird.

Das abrupte Ende dieses (ersten) Märchens ist geeignet, die Offenheit der Situation, in der sich die Teilnehmer befinden, zum Ausdruck zu bringen.

Zur Dämmerung, als es dunkel wurde, mußte ein armer Junge in den Wald hinaus und Holz holen. Als er es nun zusammengesucht hatte, wollte er, weil ihm kalt war, Feuer machen und sich ein bißchen wärmen. Er scharrte das Laub weg, das schon von den Bäumen gefallen war. Und wie er so den Erdboden aufräumte, fand er einen kleinen goldenen Schlüssel. Nun glaubte er, wo der Schlüssel wäre, müßte auch das Schloß dazu sein. Er grub in der Erde und fand ein eisernes Kästchen. »Wenn nur der Schlüssel paßt!« sagte sich der Junge, »es sind gewiß kostbare Sachen in dem Kästchen.« Er suchte, aber es war kein Schlüsselloch zu finden. Endlich entdeckte er eins, aber so klein, daß man es kaum sehen konnte. Er versuchte es, und der Schlüssel paßte. Da drehte er ihn einmal herum – und nun müssen wir warten, bis er vollends aufgeschlossen und den Deckel aufgemacht hat. Dann werden wir erfahren, was für wunderbare Sachen in dem Kästchen liegen. (Nach einem Märchen von Hans Christian Andersen)

5. Stille Phase mit meditativer Musik (etwa 5 Minuten)

Die Teilnehmer sollen das Märchen in sich nachwirken lassen. Hierzu kann nochmals auf den Vorgang des Öffnens hingewiesen werden: Erst das Öffnen ermöglicht es, an einen Schatz zu kommen.

6. Gesprächs- und Vorstellungsrunde mit methodischem Einstieg

Öffnen bedeutet auch, sich mitzuteilen. Dies soll in der Gesprächsrunde geschehen, für die die Teilnehmer durch das Märchen und die Stille sensibilisiert worden sind. Es wird durch die nachfolgende Handlung noch verstärkt: Die Musik wird leiser gestellt, ein Korb mit kleinen Büchern herumgereicht. Jeder Teilnehmer nimmt eines heraus, um es langsam aufzuschlagen und sich dabei seinen Gefühlen zu überlassen. Impulsgedanken hierzu:

Wir haben das Märchenbuch aufgeschlagen und darin das Märchen vom Schatzkästlein gefunden. In diesem Märchen geht es darum, etwas zu öffnen, um dadurch an einen Schatz zu gelangen. Das Öffnen ist also wichtig: So, wie das Schatzkästlein geöffnet wurde und wie wir unser kleines Büchlein geöffnet haben, kann jetzt jeder versuchen, für Momente offen zu sein und den anderen mitzuteilen:

Wie sieht es gerade in mir aus?
Warum bin ich gekommen?
Was bewegt mich?
Was belastet mich?

(Die Teilnehmer sollen dabei auch ihren Namen nennen.)

7. Gebet[1] und Verabschiedung

Mit einem Gebet wird das Treffen abgeschlossen. Es greift den Gedanken des Buches als »Buch des Lebens« auf. Die Teilnehmer erhalten zu den Büchlein je ein Textblatt mit dem Märchen und dem Gebet für zuhause. Ebenso werden die Trauerkreisregeln und Listen mit den kommenden Terminen verteilt.

Vater,
wenn ein Mensch zu dir heimkehrt,
dann hältst du sein Buch in deinen Händen.
Dann wirst du ihm den Titel eröffnen,
den du seiner Geschichte gegeben hast.
Dann wirst du sein Leben mit ganz anderen Augen
– mit deinen Augen –
sehen.
Dann wird er
auch die schwierigsten Kapitel verstehen.
Dann wird er
auch manch dunkle Seite endlich begreifen.
Dann wird er erkennen,
daß du auch auf krummen Zeilen gerade schreibst.
Vater,
wenn ein Mensch heimkehrt,
dann hältst du sein Buch in deinen Händen.

Erfahrungsbericht

Bei diesem Treffen steht der Aspekt »Märchen(buch)« im Vordergrund, während die Farbe eine untergeordnete Rolle spielt. Das erweist sich als sinnvoll, da das Angebot, sich anderen gegenüber zu öffnen, von den Teilnehmern der ersten Runde gerne wahrgenommen wird, zumal nicht alle Teilnehmer wissen, ob sie beim zweiten Mal wieder mit dabei sind. Allein die Gestaltung des Raumes mit schwarzen Elementen wie etwa dem Tischtuch drückt für die Teilnehmer die Verbindung zu ihrer Situation und ihrem Gemütszustand aus. Sowohl das Element »Farbe« als auch das Element »Märchen« stoßen auf großes Interesse.

Zweites Treffen:
Violett und das Märchen vom Tränenkrüglein

Ziel

Violett ist in der Farbpsychologie die Farbe der Trauer, der Melancholie und der Verzweiflung. »Violett« kommt in der Natur häufig im Herbst vor, einer Zeit der Vergänglichkeit und des Übergangs. Immerhin bedeutet dies auch – bezogen auf den Trauerprozeß – Veränderung: Die Lähmung ist gewichen. Den Teilnehmern soll bewußt werden, daß die eigentliche Trauerarbeit dann beginnt, wenn die Situation am verzweifeltsten scheint. Trauer und Verzweiflung zuzulassen gehört zum Trauerprozeß, der seinerseits das Leben wiederum erst neu ermöglicht.

Methoden

- Kurze Farbmeditation als thematischer Einstieg
- Stille Phasen mit Musik
- Herbstblattmeditation
- Geschichte
- Fragerunden

Vorbereitungen

- **für jedes Treffen:** siehe »Begleitende Maßnahmen«, Seite 16 f.

- **für dieses Treffen:**
  - Großes Märchenbuch und große Kerze in die Tischmitte stellen
  - Tisch- oder Ziertücher in violetter Farbe (wenn möglich)
  - Violettfarbene Dekoration: Blumen (Erika ...), Weintrauben, Kohlrabi, Pflaumen
  - Auf violettes Papier kopierte Herbstblätter
  - CD mit »Vier Jahreszeiten« von Vivaldi oder ähnlich klingende Musik
  - Meditative Musik
  - Wenn möglich: kleine Keramik- oder Tonkrüge in entsprechender Anzahl bereithalten
  - Textblatt mit Märchen »Tränenkrüglein« und Psalm 56,9f in entsprechender Anzahl kopieren und zusammengerollt in die Tonkrüge stecken

Ablauf

1. Ankommensrunde

2. Offizielle Begrüßung; thematischer Einstieg

Der Zusammenhang zwischen dem Thema der ersten Sitzung und dem jetzigen Thema wird knapp dargestellt. Den Teilnehmern wird der Hintergrund der Farbe »Violett« erläutert und deren symbolischer Bezug zur zweiten Phase im Trauerprozeß erklärt. Dabei muß deutlich gemacht werden, daß jeder Teilnehmer in seinem Trauerprozeß unterschiedlich weit sein kann. Die Teilnehmer werden auf das Märchenbuch, die Kerze und die violette Tischmitte hingewiesen. Gedanken zum Einstieg:

Das Märchen vom Schatzkästlein weist darauf hin, daß Märchen ein Schatz sein können, der uns hilft, uns zu öffnen und somit Neues zu entdecken, besonders in einer Lebensphase, in der alles düster erscheint. Entsprechend wählten wir beim letzten Mal die Farbe »Schwarz«. Die Dekoration heute erfolgt in der Farbe »Violett«. Es ist die Farbe des Übergangs, des Herbstes. Im Herbst tragen viele Blumen und Früchte diese Farbe. Farbe und Jahreszeit stehen damit für die Vergänglichkeit: Sie schließen das Wissen um Veränderung und Ende mit ein. »Violett« ist somit auch die Farbe der Trauer, die für manche in Verzweiflung münden kann. Im Gegensatz zu »Schwarz« aber bedeutet »Violett«, daß etwas in Bewegung geraten ist. Zwar hat sich die Situation nicht verändert, aber die Lähmung ist einer Bewegung gewichen – auch wenn sich diese Bewegung zunächst nur in Verzweiflung äußert.

3. Stille Phase mit Musik (3–5 Minuten)

Die Teilnehmer sollen die Farbeindrücke in sich nachwirken lassen. Dazu Vivaldis »Vier Jahreszeiten: Herbst« einspielen.

4. Herbstblattmeditation

Die Auseinandersetzung mit »Violett« wird im Symbol des violett eingefärbten Blattes auf den Gedanken des Herbstes, der Vergänglichkeit und des Übergangs gelenkt. Das Gefühl der Traurigkeit soll bewußt zugelassen, die Teilnehmer hierfür geöffnet werden werden: Trauer zuzulassen ist die Voraussetzung für neues Leben. Die violettfarbenen Herbstblatt-Kopien werden an die Teilnehmer verteilt. Folgende Gedanken stimmen auf die kurze Meditation ein:

Ich betrachte dieses Blatt, lasse es auf mich wirken: die Farbe; die Form; die Adern. Ich lasse meine Gedanken und meine Gefühle in diesem Moment einfach zu. Alles, was mich bewegt, lasse ich zu. Jetzt, während die Musik weiterläuft.

5. Gesprächsrunde

Melancholie, Traurigkeit, Verzweiflung und das Gefühl der Vergänglichkeit sollen im Gespräch zum Ausdruck kommen. Dabei geht es auch darum, inwieweit die Teilnehmer überhaupt (schon) in der Lage sind, zu trauern und sich ihrer Trauer zu stellen.
Impulsfragen zum Einstieg und zum weiteren Gesprächsverlauf:

Welche Gedanken und Gefühle sind mir in den letzten Minuten gekommen?
Wie geht es mir?
Wie geht es mir im Vergleich zum letzten Mal?
Wie fühle ich mich, wenn ich jetzt an den Verstorbenen denke?
Welche Gefühle weckt die Farbe »Violett« bei mir?
Wie wirkt sich meine Traurigkeit aus – auf meinen Alltag, auf meine Umwelt?
Kann ich mit meiner Trauer umgehen – kann ich weinen?

(Am Ende des Gesprächs sollte nochmals der Gedanke der Trauer und der Verzweiflung aufgegriffen werden, um den Übergang zum Märchen herzustellen.)

6. Märchen: »Das Tränenkrüglein«[2]

Das Märchen setzt sich mit der Trauer nach einem Todesfall auseinander; Trauer wird darin zugelassen, wirkt aber zerstörerisch, wenn sie das Leben vergessen läßt. Trauer soll zum Leben verhelfen, aber es nicht ersetzen. Das Märchenbuch in der Tischmitte ist aufgeschlagen.

Das einzige Kind einer Mutter war gestorben. Ein Mädchen von sechs Jahren. Schwerkrank war es plötzlich geworden und hatte die Krankheit nicht überlebt. Gelähmt vor Schreck und Trauer, wußte die Mutter die ersten Tage nicht, was sie machen sollte. Dann brach es aus ihr heraus, und sie weinte Tag und Nacht. Sie aß nichts mehr. Sie trank

nichts mehr. Sie schloß sich von der Außenwelt ab. Mehrere Wochen ging das so. Dann, eines Nachts, hatte sie einen Traum: Ihr verstorbenes Kind stand am Ende ihres Bettes, in den Händen hielt es ein Krüglein. »Liebe Mutter«, sagte es, »es geht mir gut dort, wo ich jetzt bin. Ich fühle mich wohl. Hier, in diesem Krug, sind alle deine Tränen, die du um mich geweint hast. Ich habe sie alle gesammelt. Als Zeichen, daß du auch jetzt mit mir verbunden bist. Der Krug ist nun voll. Du brauchst nicht mehr zu weinen. Keine Träne mehr paßt hinein.« Dann verschwand das Mädchen.
Die Mutter aber weinte fortan nicht mehr. Denn sie wußte, daß es ihrem Kind gut ging. Und daß ihre Trauer nicht umsonst war.

7. Gesprächsrunde

In einer weiteren Gesprächsrunde soll das Märchen kurz besprochen und der Gedanke des Trauerns noch einmal verstärkt werden. Impulsfragen:

Kann ich mit dieser Geschichte etwas anfangen?
Was stört mich an dieser Geschichte?
Was könnte diese Geschichte mit mir, mit meiner Situation zu tun haben?
Lasse ich es zu, traurig zu sein?
Was mache ich, wenn ich traurig bin?
Was hilft mir in meiner Traurigkeit?

8. Schlußgebet

Das Psalmgebet beschließt das Treffen. Es soll die Trauer stehen lassen als etwas, das in Gottes Hand und damit gewollt ist. Das Gebet rundet zugleich das Märchen ab.
Jeder Teilnehmer erhält ein Tonkrüglein mit dem zusammengerollten Märchen- und Psalmtext.

Mein Elend ist aufgezeichnet bei dir.
Sammle meine Tränen in einem Krug,
zeichne sie auf in deinem Buch. (...)
Ich habe erkannt: Mir steht Gott zur Seite. (...)
So gehe ich vor Gott meinen Weg im Licht der Lebenden.
(Psalm 56,9f.)

Erfahrungsbericht

Die Farbe »Violett« und die Assoziation mit der Jahreszeit »Herbst« und ihrem Charakter des Vergänglichen spricht die Teilnehmer in ihrer traurig-melancholischen Stimmung spürbar an. Die Gestaltungselemente der Runde können diese Stimmung verstärken und zur Folge haben, daß Gefühle und Erinnerungen hochkommen, mit denen die Teilnehmer in diesem Ausmaß selbst nicht gerechnet haben. Die Fähigkeit zum Trauern ist bei den Teilnehmern aber in unterschiedlichem Maße ausgeprägt – dies zeigt die Beschäftigung mit diesem Thema ebenfalls. Damit stellt dieses Treffen für manche auch eine Auseinandersetzung mit ihrer eigenen Bereitschaft dar, sich ihrer veränderten Lebenssituation zu stellen.

Drittes Treffen: Blau und das Märchen von den drei Schlüsseln

Ziel

Der weitere Fortgang des Trauerprozesses führt zu weiterer Offenheit. Dies wiederum erlaubt Fragen, die die Trauernden sich zuvor nur andeutungsweise zugestanden haben: Gibt es etwas, das mir von außen in meiner Trauersituation weiterhilft? Blau ist die Farbe der Transzendenz. Das Märchen beschreibt die heilende Wirkung solch einer »Berührung von außen«. Dieses Treffen soll die Teilnehmer daher zur Auseinandersetzung mit der Frage anregen, ob die Vermutung einer Welt außerhalb der wahrnehmbaren Welt hilfreich für den Trauernden sein könnte.

Methoden

- Kurze Farbmeditation als thematischer Einstieg
- Phantasiereise
- Stille Malmeditation mit Mandalabildern
- Gesprächsrunde
- Märchenbetrachtung

Vorbereitungen

- **für jedes Treffen:** siehe »Begleitende Maßnahmen«, Seite 16 f.

- **für dieses Treffen:**
  - Großes Märchenbuch und große Kerze in die Tischmitte stellen
  - Tisch- oder Ziertücher in blauer Farbe
  - Blaue, orange und gelbe Holzfarbstifte bereitlegen
  - Mandala zum Ausmalen in entsprechender Anzahl kopieren
  - Meditationsmusik auswählen
  - Textblatt mit Märchen »Drei Schlüssel zum Himmel« und Gebet »Wenn der Himmel in unsere Nacht fällt« in entsprechender Anzahl kopieren (und eventuell mit beigefügtem Bild, S. 142, illustrieren)

ABLAUF

1. Ankommensrunde

2. Thematischer Einstieg

Der Zusammenhang der einzelnen Treffen und der Sinn der gewählten Farbfolge wird deutlich gemacht. Die Teilnehmer sollen mit dem Hintergrund der Farbe »Blau« vertraut und für den Gedanken der Transzendenz, der »Hilfe von außen«, geöffnet werden. Die Teilnehmer werden auf die arrangierte Tischmitte hingewiesen. Gedanken:

»Schwarz« ist die Farbe der Nacht, der Lähmung und der Verdrängung; »Violett« die Farbe der Melancholie, der Trauer, der Verzweiflung, des Herbstes, damit aber auch des Übergangs und einer ersten Bewegung nach der Lähmung. Jetzt sind wir bei der Farbe »Blau« angelangt. »Blau« löst bestimmte Bilder in uns aus: Der Himmel ist blau. Das Wasser des Meeres ist blau. »Blau« steht für Durchlässigkeit, für Transzendenz, für die Sehnsucht nach etwas, das »hinter den Dingen steckt«. In der Romantik war die »blaue Blume der Zärtlichkeit« ein Symbol für die Sehnsucht nach Zärtlichkeit und Zuwendung und somit nach Hilfe. In dieser Phase sind wir jetzt angelangt. Schwarz, Violett, Blau – das bedeutet: Die Lähmung ist gelöst und die nach rückwärts gewandte Melancholie wird allmählich in einen Blick nach vorne hin zu der Hoffnung gewendet, daß irgendetwas »von außen« weiterhelfen wird, um wieder leben zu können.

3. Phantasiereise

Die Phantasiereise soll das Gefühl für die Transzendenz wecken und verstärken helfen. Dadurch soll die Offenheit für das folgende Gespräch geschaffen werden. Während der Phantasiereise läuft leise im Hintergrund meditative Musik.

Setzen Sie sich bequem hin und schließen Sie die Augen! Atmen Sie tief durch! Entspannen Sie sich!
Stellen Sie sich nun vor, daß Sie einen schönen Nachmittagsspaziergang machen. Sie gehen durch eine Allee von Bäumen, die Sie gleichsam einhüllt. Am Ende der Allee sehen Sie am blauen Himmel die Nachmittagssonne, die Sie anzieht. Während Sie so gehen, spüren Sie die unterschiedliche Beschaffenheit des Bodens: mal ist es ein weich federnder Waldboden, mal ist er sandig trocken, mal felsig.

(Etwa eine Minute Pause)

Sie laufen auf eine Lichtung im Dorf zu. Dort angekommen, spüren Sie die Wärme der schon schwächer werdenden Sonne. Sie setzen sich auf eine Wiese und lassen Ihren Gedanken freien Lauf. Sie bemerken den weiten Himmel über sich. Sie können spüren, wie Ihr Kopf freier und weiter wird, wenn Sie das Blau des Himmels über sich sehen und es in sich aufnehmen.

(Pause)

Die Nachmittagssonne will untergehen, und das Blau des Himmels wird intensiver. Sie können schon die ersten Sterne entdecken. Schauen Sie in den frühen Nachthimmel hinauf, dorthin, wo keine künstlichen Lichter stören! Sehen Sie die Millionen Feuer am Himmel, diese unendliche Glut der Schöpfung! Wandern Sie mit Ihrem Blick der scheidenden Sonne nach! Wärmen Sie sich in ihrem Feuer, in ihrer Glut! Spüren Sie die Sonne, Ihre Sonne!

(Pause)

Sie haben diese Wärme auch in sich. Es ist gut, wenn Sie das wissen, wenn Sie das spüren. Sie selbst haben Wärme und Lebensenergie, Erneuerungsenergie. Sie spüren sie in sich. Und Sie spüren diese Wärme, wenn Sie an den Menschen denken, der durch den Tod nicht mehr bei Ihnen ist. Sie spüren die Wärme, als ob dieser Mensch hier neben Ihnen auf der Wiese anwesend wäre und mit Ihnen das Blau des Himmels, das Funkeln der Sterne und die Wärme der Sonne aufnehmen würde. Es ist die Wärme des Lebens, die zugleich Wärme des Todes und der neuen Geburt ist.

(Pause)

Sie haben nun Wärme empfangen und Wärme gegeben. Der Mensch, den Sie lieben, hat Ihre Wärme mitgenommen, als er sich wieder auf den Weg zu den Sternen machte. Ihr Blick geht in das dunkle Blau des Himmels und findet den Stern Ihres Lieben. Senden Sie Ihre Wärme dorthin und empfangen Sie sein Licht hier auf der Erde. Spüren Sie eine Weile diese besondere Nähe.

(Pause)

Sie wissen nun, daß Wärme und Liebe nie verlorengehen können, denn Sie haben es gespürt. Sie dürfen wissen, daß Sie sich später immer wieder dieser Nähe vergewissern können, wenn Sie es wünschen.
Nun wird es Zeit, daß Sie von ihrer Reise langsam hierher zurückkehren! Recken und strecken Sie sich! Atmen Sie tief durch! Schütteln Sie Arme und Beine ein wenig! Öffnen Sie Ihre Augen und seien Sie wieder hier in diesem Raum!

4. Stille Malmeditation mit Mandala[3] (etwa 10 Minuten)

Die Eindrücke und Empfindungen aus der Phantasiereise sollen zunächst nicht zerredet werden, sondern möglichst stark in die Gefühlsebene hinein

weiterwirken. Die Wirkung der Farbe »Blau« und die Assoziationen, die sie auslösen, werden während der Malmeditation vertieft.
Die Mandalas werden an die Teilnehmer verteilt. Mit den drei bereitliegenden Farben (Blau, Orange, Gelb – den Farben des Himmels) sollen sie dieses Mandala in Ruhe und für sich ausmalen und dabei ihre Gefühle zulassen. Als stiller Impuls dient die Frage: Was löst die Farbe »Blau« in mir aus? Meditative Musik wird eingespielt.

5. Erste Gesprächsrunde

Die Empfindungen und Eindrücke aus der Phantasiereise und der Malmeditation werden thematisiert. Das soll für die Auseinandersetzung mit der Frage nach der Transzendenz öffnen (siehe zweite Gesprächsrunde). Die Teilnehmer werden eingeladen, ihr Mandala zu zeigen. Mögliche Impulsfragen:

Spricht mich die Farbe »Blau« an?
Sprechen mich die anderen Farben an, die ich beim Malen verwendet habe?
Drückt die Art, wie ich das Bild gemalt habe, etwas aus?
Welche Gefühle kamen mir während des Malens?
Wie ist es mir dabei gegangen?
Wie ist es mir während der Phantasiereise gegangen: Habe ich mich wohl/unwohl gefühlt?
Hat die Phantasiereise etwas in mir ausgelöst?
Habe ich etwas gesehen?
Wie fühlte ich mich beim Blick in den blauen Himmel?

6. Märchen: »Drei Schlüssel zum Himmel«[4]

Der Gedanke, der sich durch dieses Märchen zieht, ist der, daß die Öffnung für Transzendenz Neues aufbrechen und damit das Leben verändern kann – und daß dies dadurch geschieht, daß ich mich ganz auf das alltägliche Leben einlasse. Das Märchenbuch in der Tischmitte wird aufgeschlagen.

Es lebte einmal ein reicher König zu einer Zeit, in der noch alle Menschen den hohen Berg kannten, auf dessen Gipfel die Tore des Himmels gebaut sind. Bei all seinem Reichtum sehnte sich der König danach, auch die Schlüssel zu den Toren des Himmels zu besitzen; aber keiner konnte sie ihm bringen. Eines Tages sagte ihm ein weiser Mann: »Alle Schätze der Erde kann man geschenkt bekommen, aber die Schlüssel zum Himmel muß jeder selbst suchen.« Da stieg der König selber auf den steilen Berg bis vor die Tore des Himmels und sagte dem Engel, dem Hüter vor Gottes ewigem Garten: »Ich finde keine Ruhe, solange ich nicht die Schlüssel zum Himmel besitze.« Der Engel antwortete: »Auf der Erde blühen viele tausend Himmelsschlüssel, die von den Menschen zertreten werden. Wenn du die richtigen drei findest, die nur zu deinen Füßen und für dich aufblühen, kannst du die Tore des Himmels aufschließen.«

Viele Jahre suchte der König und zertrat keinen Himmelsschlüssel, doch nie blühte eine dieser Blumen vor seinen Füßen auf. Eines Tages bettelte ihn ein schmutziges Mädchen an, das weder Vater noch Mutter hatte. Das Hofgesinde wollte das Kind zur Seite drängen, der König aber setzte es zu sich aufs Pferd. In seinem Schloß ließ er es speisen und kleiden und pflegen. Da blühte zu seinen Füßen ein kleiner, goldener Himmelsschlüssel auf.

Wieder vergingen Jahre. Da erblickte der König auf einem Ritt durch den Wald einen sehr kranken Wolf. Die Höflinge wollten ihn verenden lassen, er aber trug ihn in seinen Palast und pflegte ihn gesund. Und der Wolf wich nie mehr von seiner Seite. Da blühte ein zweiter goldener Himmelsschlüssel zu seinen Füßen auf.

Wieder vergingen einige Jahre. Da spazierte der König in seinem herrlichen Garten mit den seltensten Blumen. Und er erblickte am Wegrand eine kleine, unscheinbare Pflanze, die nahe daran war zu verdursten. Der Gärtner wollte sie ausreißen und verbrennen, da er sie für Unkraut hielt. Der König aber holte Wasser, und die Pflanze begann wieder zu atmen und zu leben. Nun blühte der dritte Himmelsschlüssel zu des Königs Füßen auf, und das Bettelmädchen und der Wolf standen dabei. Der König aber sah auf dem steilen Berg die Tore des Himmels weit, weit geöffnet.

Auch heute blühen diese drei Himmelsschlüssel noch, und sie leuchten heller und schöner als alle Edelsteine und Blumen der Welt.

7. Zweite Gesprächsrunde

Die Teilnehmer sollen, ausgehend von dem Märchen, sich darüber klarwerden, was ihnen hilft, das Gefühl für Transzendenz zu erhalten – und ob dies überhaupt eine Hilfe für sie sein kann. Impulsfragen:

Hat mich das Märchen angesprochen?
Was hat mich gestört/hat mir gefallen?
Welcher Satz, welcher Gedanke, welches Bild spricht mich besonders an?
Hilft mir der Gedanke an die Welt hinter der Welt?
Welche Gefühle löst für mich dieser Gedanke aus?
Stimmt er mich traurig oder beruhigt er mich eher?
Hat sich durch den Tod in meiner Haltung zu Transzendenz und Jenseits etwas verändert?
Wie könnte sich Transzendenz auf meine Trauer und mein Leben auswirken?

8. Kurze Interpretation des Märchens

Da das Märchen voller Bilder und Symbole ist, sollte den Teilnehmern eine kurze Interpretation angeboten werden:

»Alle Schätze der Erde kann man geschenkt bekommen, aber die Schlüssel zum Himmel muß jeder selbst suchen.« Dieser Satz ist selbst ein »Schlüsselsatz«. Nach dem Verlust eines lieben Menschen erlebt der Trauernde sich nicht auf einem »Weg zum Himmel«; er sieht auch keine Möglichkeit, Türen aufzuschließen – ihm fehlen die notwendigen »Schlüssel« dazu. Das Märchen weist darauf hin, daß die Schlüssel zu einer Integration von Himmel und Erde, von guten und schweren Erfahrungen, in unserer eigenen Verantwortung liegen (»zu deinen Füßen und nur für dich aufblühen...«). Um einen schweren Verlust zu verarbeiten, bedarf es mehrerer »Schlüssel«: Der erste liegt im Entdecken des eigenen inneren Kindes, das nach Anerkennung bettelt (»schmutziges Mädchen«). Der zweite liegt darin, Aggression und Wut zuzulassen, andernfalls wird der Mensch seelisch krank (»kranker Wolf«). Das berührt dann auch die organische Seite (vegetative Natur) des Menschen (»... Pflanze, die nahe daran war zu verdursten«). Wird sie vernachlässigt oder nimmt sie Schaden, dann sieht die Pflanze wie »Unkraut« aus. Sie zu pflegen heißt im übertragenen Sinn, sich auch leiblich etwas zu gönnen. Darin liegt der dritte Schlüssel, der gerade von Trauernden häufig vernachlässigt wird. Wer diese drei Schlüssel wahrnimmt und sich auf die Mühe des Durcharbeitens einläßt, der wird rückblickend erkennen, daß er »den steilen Berg« bewältigt hat und Leben für ihn neu möglich ist – nicht mehr so wie zuvor, sondern in einer neuen Tiefe (»Der König aber sah auf dem steilen Berg die Tore des Himmels weit, weit geöffnet.«).

9. Schlußgebet[5]

Das Gebet rundet das Thema ab und beendet das Treffen.

Wenn der Himmel in unsere Nacht fällt
und die Erde uns nicht mehr festhält,
wenn uns aufgeht: Wir dürfen hoffen,
Gottes Zukunft steht allen offen,
dann gehen wir dem Himmel entgegen,
und alle gehen mit.

Wenn ein Lichtblick uns wieder Mut macht,
neue Hoffnung das Leben hell macht,
unser Himmel nach allem Bangen
nicht mehr länger ist grau verhangen,
dann gehen wir dem Himmel entgegen,
und alle gehen mit.

Wenn der Himmel sein helles Licht schenkt,
unsre Schritte auf guten Weg lenkt,
uns herausholt aus allen Zwängen
und den Nöten, die uns bedrängen,
dann gehen wir dem Himmel entgegen,
und alle gehen mit.

Wenn der Himmel in unser Herz dringt,
unser Leben ein neues Lied singt,
wenn wir hoffen, wo alle zagen,
Gottes Zuspruch uns weitersagen,
dann gehen wir dem Himmel entgegen,
und alle gehen mit.

Denn der Himmel, zu dem wir streben,
fängt schon hier an in unserem Leben,
wenn die Strahlen, die uns erreichen,
uns durchdringen und anderen leuchten,
dann gehen wir dem Himmel entgegen,
und alle gehen mit.

Erfahrungsbericht

Die Verbindung von Phantasiereise und Malmeditation löst starke Reaktionen aus. Die Phantasiereise wird allgemein als angenehm und anregend wahrgenommen; als etwas, das »ein gutes Gefühl bewirkt« und zu schönen Erinnerungen an frühere Jahre führt. Die Malmeditation verstärkt dieses Gefühl und trägt zur Beruhigung bei. Die Phantasiereise kann jedoch auch als »zu intensiv« empfunden werden, dann nämlich, wenn die Vorstellung der Verbundenheit mit dem Verstorbenen sehr plastisch wird. Auch in diesem Fall erweist sich die Malmeditation als Hilfe. Das liegt nicht zuletzt an der Farbe »Blau«, die grundsätzlich auf viele Teilnehmer beruhigend wirkt. Der Gedanke an den Himmel, der sich für viele damit verbindet, hat etwas Tröstendes an sich.

Viertes Treffen: Rot und das Märchen von Jorinde und Joringel

Ziel

Nach der weiteren Öffnung, die durch die Farbe »Blau« symbolisiert wurde, erwacht die Fähigkeit, Gefühle zu zeigen: »Rot« als Farbe des Aufbegehrens und des Kampfes symbolisiert diese Fähigkeit. Die Teilnehmer werden auf die Notwendigkeit hingewiesen, diese innere Unruhe zuzulassen und als erstes Zeichen einer neuen Lebenslust zu akzeptieren – auch wenn dies manchen Trauernden schwerfallen mag. Das Märchen beschreibt den Kampf um das Zulassen der Gefühle.

Methoden

- Kurze Farbmeditation als thematischer Einstieg
- Stille Musikmeditation
- Märchenbetrachtung
- Gesprächsrunde

Vorbereitungen

- **für jedes Treffen:** siehe »Begleitende Maßnahmen«, Seite 16 f.

- **für dieses Treffen**
  - Großes Märchenbuch und große Kerze in die Tischmitte stellen
  - Tisch- oder Ziertücher in roter Farbe
  - Rote Rosen in Anzahl der Teilnehmer besorgen und als Strauß in die Tischmitte stellen
  - Fragezettel in entsprechender Anzahl mit Impulsfragen vorbereiten
  - Textblatt mit Märchen »Jorinde und Joringel« und Psalm 139 in entsprechender Anzahl kopieren
  - Meditative Musik auswählen (Empfehlung: Keltische Harfe von Alan Stivell)

Ablauf

1. Ankommensrunde

2. Thematischer Einstieg

Der Zusammenhang der einzelnen Treffen und die Bedeutung der Farbfolge werden skizziert. Der symbolische Gehalt der Farbe »Rot« wird erläutert: Rot als Farbe des Aufbruchs, des Aufbegehrens, der Ungeduld, die die Suche nach Leben während des Trauerprozesses ausdrückt. Die Teilnehmer werden auf die gestaltete Tischmitte mit den roten Elementen hingewiesen und zur Betrachtung eingeladen. Beschreibende Gedanken:

»Schwarz« ist die Farbe des Todes und der Lähmung; »Violett« drückt Verzweiflung und Trauer, aber auch Bewegung nach der Lähmung aus. »Blau« symbolisiert die Transzendenz und die Sehnsucht danach; die Sehnsucht nach etwas, das über und hinter dieser Welt von außen her wirkt und hilft. Die Farbe »Rot«, die beim heutigen Treffen im Mittelpunkt steht, ist eine leuchtende, eine »lebende« Farbe. Sie hat aber auch etwas Bedrohliches und Unruhiges an sich: »Rot« ist die Farbe des Aufruhrs und der Rebellion, des Kampfes. Sie drückt damit Gefährlichkeit aus, aber ebenso Vitalität und Lebenssteigerung. Sie ist auch die Farbe der Liebe und damit des großen Gefühls. In der Mythologie und in der Bibel wird mit »Rot« häufig eine geistige Ent-Zündung, ein Aufbruch verbunden. Das bekannteste Beispiel ist das Bild der Flammenzungen, die an Pfingsten über den Köpfen der Apostel schweben. »Rot« bedeutet, daß nun, mit fortschreitender Trauerzeit, das Gefühl für das Leben wiederkehrt und manchmal ungeduldig nach vorne drängt.

3. Stille Musikmeditation (etwa 5 Minuten)

Die Teilnehmer sollen die Gedanken über »Rot« nachwirken lassen und gleichzeitig über Empfindungen nachsinnen, die diese Farbe in ihnen auslöst. Sie werden eingeladen, den Strauß roter Rosen zu betrachten und dann die Augen zu schließen. Währenddessen spielt meditative Musik. Impulsfrage:

Welche Empfindungen, Erinnerungen und Gedanken löst die Farbe »Rot« in mir aus?

4. Märchen: »Jorinde und Joringel«

Die Farbe »Rot« kommt in diesem Märchen in Verbindung mit einer Blume vor; darin geht es um das Aufbegehren gegen eine Situation der Lähmung, um den Aufbruch und um die Suche nach Leben. Das Märchen wird – nur mit einem kurzen Hinweissatz eingeleitet – direkt nach der Musikmeditation vorgelesen. Die Musik wird etwas leiser gestellt. – Das Märchenbuch in der Tischmitte wird aufgeschlagen.

Es war einmal ein altes Schloß mitten in einem großen dichten Wald. In diesem Schloß wohnte eine alte Zauberin. Sie konnte das Wild und die Vögel herbeilocken, und dann schlachtete sie diese, kochte und briet sie. Wenn jemand auf hundert Schritte dem Schloß nahekam, so mußte er stillstehen und konnte sich nicht von der Stelle bewegen, bis die Zauberin ihn lossprach.

Nun war da einmal ein junger Mann, der hieß Joringel. Er hatte sich seiner Geliebten Jorinde schon versprochen. Sie waren in ihrer Liebe eng verbunden. Eines Tages hatte die alte Zauberin Joringel in einen Vogel verwandelt und diesen in einen Käfig gesperrt. Jorinde, die ihren Bräutigam so liebte, ihn aber nicht mehr finden konnte, machte sich auf die Suche nach ihm. Sie kam vor das Schloß und spürte schon, daß Joringel wohl darin eingesperrt sei. Jorinde konnte aber nicht auf das Schloß zugehen. Sie ging fort und kam endlich in ein Dorf, wo sie lange Zeit Schafe hütete. Oft ging sie rund um das Schloß herum, konnte ihm aber nicht zu nahe kommen. Eines Nachts träumte sie, sie fände eine blutrote Blume, in deren Mitte eine schöne Perle war. Sie pflückte die Blume und ging damit zum Schloß – alles, was sie mit der Blume berührte, wurde vom Zauber befreit; sie träumte auch, daß sie dadurch wieder ihren Joringel bekommen würde. Des Morgens, als sie erwachte, fing sie an, durch Berg und Tal zu suchen, ob sie eine solche Blume fände. Sie suchte bis an den neunten Tag, da fand sie die blutrote Blume frühmorgens. In der Mitte war ein großer Tautropfen, so groß wie die schönste Perle. Diese Blume trug sie bis zum Schloß. Durch die Blume gestärkt, mußte sie nicht hundert Schritte vor dem Schloß erstarren, sondern konnte festen Schrittes bis zum Tor gehen. Sie berührte mit der roten Blume das Tor, und sogleich sprang es auf. Sie hörte schon von weitem die vielen eingesperrten Vögel ihr jammervolles Lied singen und kam bis in einen Saal voller Käfige, in dem die Zauberin war. Diese wurde sehr böse, schimpfte Gift und Galle gegen Jorinde, konnte ihr aber nichts anhaben. Jorinde hörte im Zwitschern eines Vogels die Stimme ihres Geliebten und berührte sogleich mit der Blume den Käfig. Joringel verwandelte sich zurück in den geliebten Menschen, und Jorinde umarmte ihn herzlich.

Die Zauberin verlor ihre Macht und lief davon. Jorinde befreite auch noch die anderen Vögel und Tiere und ging mit ihrem Geliebten zurück nach Hause. (Frei nach einem Märchen der Gebrüder Grimm)

5. Impulsfragen und Gespräch

Die Assoziationen und Gefühle in Verbindung mit der Farbe »Rot« werden besprochen. Ebenso Gefühle, Eindrücke und Fragen, die das Märchen geweckt hat. Impulsfragen:

Welche Gefühle, Erinnerungen und Gedanken löst die Farbe »Rot« in mir aus?
Welche Assoziationen weckt sie heute, welche weckte sie früher bei mir?
Wirkt »Rot« auf mich eher beunruhigend oder belebend?
Hat »Rot« etwas Befreiendes für mich?
Drückt es für mich Aufbruch aus?

Welcher Gedanke aus dem Märchen hat mich angesprochen?
Erinnert mich etwas davon an meine Situation?
Woran erinnert mich eine rote Blume?
Was hält mich gefangen?
Was macht mir Hoffnung?
Was gibt mir Kraft?

Wo stehe ich heute in meiner Trauer im Vergleich zum letzten Mal?
Welche Beziehung habe ich heute zu dem Verstorbenen?
Welche Gefühle habe ich ihm gegenüber?
Haben sich diese Gefühle verändert?
Kann ich erste Anzeichen des Lebens, des Aufbruchs, der Ungeduld spüren?

(Das Gespräch sollte zuletzt wieder auf den Aspekt des Aufbruchs und der Suche nach Leben gelenkt werden, um den Übergang zur Märcheninterpretation herzustellen.)

6. Kurzinterpretation des Märchens

»Rot« als Symbol für das Lebensgefühl nach der Trauer, die Blume im Märchen als Schlüssel für eine neue Lebenssituation nach der Lähmung – im Märchen bedeutet dies die Befreiung zu einem neuen Leben: Jorinde überwindet so die Barriere, die sie hindert, zu Joringel zu gelangen. Das war zuvor unmöglich: »Jorinde konnte sich nicht regen.« Dies ist der Zustand der Lähmung, wie er durch die Farbe »Schwarz« am Anfang der Trauer symbolisiert wird. Erst »die rote Blume« verändert etwas. Aber diese Blume muß erst mühevoll gesucht werden: Es ist schwer, so weit zu gelangen, daß man neue Gefühle (die durch »Rot« symbolisiert werden) für jemanden empfinden kann. Die rote Blume kann den Bann brechen, der durch den Tod/die Mauer entstanden ist. Das bedeutet für uns: In dem Moment, in dem wir uns auf den Verstorbenen als Verstorbenen einlassen und dies akzeptieren, gewinnen wir eine neue Beziehung zu ihm, ein neues Gefühl. Dies läßt uns das jetzige Leben unter neuen Vorzeichen weiterführen und gleichzeitig den Verstorbenen als Teil dieses neuen Lebens gelten. »Rot« ist damit das Symbol für eine neue, andere Zärtlichkeit zu dem Verstorbenen und dadurch auch zum eigenen Leben.

7. Abschlußpsalm[6]

Mit einem Psalm endet dieses Treffen. Er versucht, auf einer spirituellen Ebene den Gedanken der Transzendenz aus dem vorhergehenden Treffen mit dem Gefühl des Aufbruchs und der Überwindung von Barrieren und Lähmungen zu verbinden. Die Teilnehmer erhalten ein Textblatt mit dem Märchen und dem Psalm 139.

Herr, du hast mich erforscht und du kennst mich.
Ob ich sitze oder stehe, du weißt von mir.
Von fern erkennst du meine Gedanken.
Ob ich gehe oder ruhe, es ist dir bekannt; du bist vertraut mit all meinen Wegen.
Noch liegt mir das Wort nicht auf der Zunge – du, Herr, kennst es bereits.
Du umschließt mich von allen Seiten und legst deine Hand auf mich.
Zu wunderbar ist für mich dieses Wissen, zu hoch, ich kann es nicht begreifen.
Wohin könnte ich fliehen vor deinem Geist, wohin mich vor deinem Angesicht flüchten?
Steige ich hinauf in den Himmel, so bist du dort;
bette ich mich in der Unterwelt, bist du zugegen.
Nehme ich die Flügel des Morgenrots und lasse mich nieder am äußersten Meer,
auch dort wird deine Hand mich ergreifen und deine Rechte mich fassen.
Würde ich sagen: »Finsternis soll mich bedecken, statt Licht soll Nacht mich umgeben«,
auch die Finsternis wäre für dich nicht finster, die Nacht würde leuchten wie der Tag,
die Finsternis wäre wie Licht.

Erfahrungsbericht

Das Märchen veranlaßt viele Teilnehmer zu konkreten Erinnerungen mit dem verstorbenen Angehörigen; in deren Mittelpunkt spielen nicht selten rote Rosen eine Rolle.
Der Gedanke im Märchen, zunächst gelähmt zu sein, läßt Bezüge zur eigenen Situation herstellen und danach fragen, was zu dieser Lähmung geführt hat. Daran knüpft sich häufig die Erkenntnis, selbst Schuld an der eigenen »Gefangenschaft« zu haben, da bisher die Kraft fehlte für Kontakte und Beziehungen. Die Farbe »Rot« erzeugt vor allem Freude und wirkt belebend. Im Gesamtzusammenhang beurteilen die meisten Teilnehmer die Gefühle, die dadurch ausgelöst wurden, als »warm«.

Fünftes Treffen: Braun und das Märchen vom Abschied

Ziel

Die Farbe »Braun« scheint nicht so recht in die bisherige Reihenfolge zu passen. »Braun« symbolisiert Erde und steht damit für Schwere: Bewußt soll innegehalten werden, um das, was bisher erreicht wurde, zu hinterfragen: Ist das neue Leben anders als zuvor? Die Teilnehmer sollen darin bestärkt werden, Selbstzweifel und Fragen zuzulassen und eine mögliche Stagnation in ihrem Trauerprozeß als natürlichen Vorgang zu akzeptieren.

Methoden

- Farbmeditation als thematischer Einstieg
- Textmeditation
- Mandala ausmalen bei meditativer Hintergrundmusik
- Gesprächsrunde

Vorbereitungen

- **für jedes Treffen:** siehe »Begleitende Maßnahmen«, Seite 16 f.

- **für dieses Treffen:**
  - Großes Märchenbuch und große Kerze in die Tischmitte stellen
  - Tisch- oder Ziertücher in brauner Farbe
  - Braun- und erdfarbene Raumdekoration aus der Natur: Erde, Tee, Kaffee, Nüsse, Kartoffeln, Holzrinde, Wurzeln
  - Baum-Mandala in entsprechender Anzahl kopieren
  - Holzfarbstifte auf den Plätzen bereitlegen
  - Mit Erde gefüllte Tontöpfchen in Anzahl der Teilnehmer bereitstellen
  - Meditative Musik (Vorschlag: Brahms)
  - Textblatt mit Märchen »Der Abschied« und Gedicht mit Bild in entsprechender Anzahl kopieren

Ablauf

1. Ankommensrunde

2. Thematischer Einstieg

Der Zusammenhang der Treffen und die Bedeutung der bisherigen Farbfolge werden skizziert. Der symbolische Gehalt der Farbe »Braun« wird ebenso erklärt wie der Anlaß, diese eher getragene Farbe an dieser Stelle einzuschieben: »Braun« als Farbe der Erde und der Schwere, die nach der Ungeduld innehalten, bisherige Aufbrüche wieder hinterfragen und damit unter die Oberfläche blicken läßt. Die Teilnehmer werden auf die mit den braunen Elementen dekorierte Tischmitte hingewiesen und zur Betrachtung eingeladen. Beschreibende Gedanken:

»Schwarz« ist die Farbe der Lähmung; »Violett« drückt Verzweiflung, Trauer und damit Bewegung nach der Lähmung aus. »Blau« symbolisiert die Transzendenz und die Sehnsucht nach etwas, das über und hinter dieser Welt von außen her wirkt. »Rot« steht als eher unruhige Farbe für den Aufbruch und das Aufbegehren, für auflebende Gefühle und für die Ungeduld – dafür, daß mit fortschreitender Trauerzeit das Gefühl für das Leben wiederkehrt und manchmal ungeduldig nach vorne drängt.
Die Farbe »Braun« ist ein Einschnitt. Der Schritt von »Rot« zu »Braun« bedeutet, mitten im ungeduldigen Aufbruch innezuhalten. Eine Stagnation tritt ein, Zweifel werden wach: Habe ich das neue Leben vielleicht zu schnell zugelassen? Diese Zweifel sind natürlich. Sie helfen, den bisherigen Weg zu festigen. Mit der Farbe »Braun« werden Assoziationen wach; »Braun« erinnert an die Erde. Die Erde steht für Stille und Ruhe (Grab). »In der Erde ruhen« heißt in der Natur aber auch, daß ein neues Aufbrechen bevorsteht. »Braun« wird damit zur Farbe des Widerstands gegen vorschnelles Aufbrechen und zugleich zur Farbe neuer Antriebskraft. Auf den Trauerprozeß übertragen heißt dies: anzuhalten, sich selbst zu hinterfragen, und zu zweifeln bedeutet, sich zu wappnen und Kraft zu finden für das, was an Unvorhergesehenem kommt. »Braun« stellt damit eine passiv-kreative Zwischenphase dar.

3. Erste Gesprächsrunde

Die Teilnehmer sollen sich darüber klar werden, wo sie derzeit in ihrem Trauerprozeß stehen. Dieser erste Gesprächsteil bereitet den zweiten vor.

Wo stehe ich derzeit mit meiner Trauer?
Wie geht es mir damit im Vergleich zum letzten Mal?
Sehe ich Fortschritte oder eher eine Stagnation oder gar Rückschritte?

4. Textmeditation: »Der Abschied«[7]

Das Baummärchen führt noch einmal thematisch in die Zeit vor dem Gefühl des Aufbruchs zurück. Bewußt sollen nach dem bisher zurückgelegten Weg Fragen aufgegriffen werden, die zu Beginn drängend waren: Fragen des Loslassens, des Abschieds, des Verlustes, aber auch der Gelassenheit. Die Geschichte hat ein offenes Ende. Die Teilnehmer werden auf dieses offene Ende, das sie bewußt auf sich wirken lassen sollen, hingewiesen. Ruhige Musik wird eingespielt und läuft während und nach dem Vorlesen der Geschichte weiter. Das Märchenbuch in der Tischmitte wird aufgeschlagen.

Von der großen Eiche am Wiesenrand fiel das Laub. Es fiel von allen Bäumen. Ein Ast der Eiche stand hoch über den anderen Zweigen und langte weit hinaus zur Wiese. An seinem äußersten Ende hingen zwei Blätter. »Es ist nicht mehr wie früher«, sagte das eine Blatt. »Nein«, erwiderte das andere. »Heute Nacht sind wieder so viele von uns davon ... Wir sind beinahe schon die einzigen hier auf unserem Ast.« »Man weiß nicht, wen es trifft«, sagte das erste. »Als es noch warm war und die Sonne noch Hitze gab, kam manchmal ein Sturm oder ein Wolkenbruch, und viele von uns wurden damals schon weggerissen, obgleich sie noch jung waren. Man weiß nicht, wen es trifft.« »Jetzt scheint die Sonne nur selten«, seufzte das zweite Blatt, »und wenn sie scheint, gibt sie keine Kraft. Man müßte neue Kraft haben.« »Ob es wahr ist«, meinte das erste, daß an unsere Stelle andere kommen, wenn wir fort sind, und dann wieder andere, und immer wieder?« »Es ist wahr«, flüsterte das zweite, »man kann es gar nicht ausdenken; es geht über unsere Begriffe.« »Und man wird auch so traurig davon«, fügte das erste hinzu. Sie schwiegen eine Zeitlang. Dann sagte das erste still vor sich hin: »Warum müssen wir weg?« Das zweite fragte: »Was geschieht mit uns, wenn wir abfallen? Wir sinken hinunter.« Das erste antwortete: »Ich weiß es nicht. Der eine sagt dies, der andere das. Aber niemand weiß es.« Das zweite fragte: »Ob man noch etwas fühlt, ob man noch etwas von sich weiß, wenn man dort unten ist?« Das erste erwiderte: »Wer kann das sagen? Es ist noch keines von denen, die hinunter sind, je zurückgekommen, um davon zu erzählen.« Wieder schwiegen sie. Dann redete das erste Blatt zärtlich zum anderen: »Gräme dich nicht zu sehr – du zitterst ja!« »Laß nur«, antwortete das zweite, »ich zittere jetzt so leicht. Man fühlt sich eben nicht mehr so fest an seiner Stelle.« »Wir wollen nicht mehr von solchen Dingen sprechen«, sagte das erste Blatt. Nun schwiegen sie beide.

Die Stunden vergingen. Ein nasser Wind strich kalt und feindselig durch die Baumwipfel. »Ach, jetzt ...«, sagte das zweite Blatt, »ich ...« – da brach ihm die Stimme. Es wurde sanft von seinem Platz gelöst und schwebte nieder. Nun war es Winter.

5. Mandala ausmalen bei meditativer Hintergrundmusik[8] (etwa 15 Minuten)

Die Teilnehmer sollen die Eindrücke und Gefühle, die sich während der Geschichte und aus der Beschäftigung mit der Farbe »Braun« eingestellt haben, nach- und weiterwirken lassen. Hierzu hilft die stille Beschäftigung mit dem Mandala. Vor dem Malen werden Impulsfragen gestellt:

Hat die Geschichte in mir etwas ausgelöst?
Wie könnte die Geschichte für mich weitergehen?
Das Blatt wurde losgelöst. Es fiel auf die Erde, die kahle, braune Erde: Wie wirkt die Farbe »Braun« auf mich?

(Musik wird eingespielt)

6. Gesprächsrunde

Die Empfindungen und Gefühle sollen aufgegriffen und geklärt werden. Die Teilnehmer werden eingeladen, ihre Mandalas den anderen zu zeigen. Impulsfragen zum Gespräch:

Hat die Geschichte in mir etwas ausgelöst?
Wie wirkt die Farbe »Braun« auf mich?
Welche Gefühle haben mich zu diesem Ausmalen des Mandalas veranlaßt?
Wie könnte die Geschichte für mich weitergehen?

Es kann noch einmal auf die erste Fragerunde Bezug genommen werden:

Was läßt mich gerade stillstehen?
Was gibt mir Hoffnung, wieder voranzukommen?

7. Gedicht[9]

Das Gedicht greift den Gedanken der Hoffnung auf und verwendet dabei noch einmal die Thematik der Geschichte. Die Hoffnung bezieht sich darauf, daß das Leben weitergeht, aber von einer anderen Qualität ist. Die Teilnehmer erhalten ein Textblatt mit dem Gedicht und der Geschichte sowie ein mit Erde gefülltes Tontöpfchen als Zeichen des Wartens.

Zur Nacht hat ein Sturm alle Bäume entlaubt,
sieh sie an, die knöchernen Besen.
Ein Narr, wer bei diesem Anblick glaubt,
es wäre je Sommer gewesen.

Und ein größerer Narr, wer träumt und sinnt,
es könnt je wieder Sommer werden.
Und grad diese gläubige Narrheit, Kind,
ist die sicherste Wahrheit auf Erden.

Erfahrungsbericht

Die Farbe »Braun« und die Geschichte »Abschied« versetzen in eine herbstliche Stimmung. »Blätter, die zu Boden fallen« ist ein Bild, das die Teilnehmer stark beschäftigt. Es greift die Erfahrung auf, die sie durch den Todesfall gemacht haben: daß der eine Mensch plötzlich vor dem anderen gehen muß, irgendwann aber alle gehen werden. Die Geschichte werten manche Teilnehmer auch als Bestätigung des Empfindens, daß nach einem Todesfall vieles im Leben nicht mehr so wichtig ist. Beim Ausmalen der Mandalas überwiegen auf der einen Seite die schweren Brauntöne, auf der anderen Seite bunte und leuchtende Farben. Die Bilder spiegeln damit den momentanen Zustand wider, in dem sich die Teilnehmer befinden.

Sechstes Treffen: Gelb und das Märchen vom Land Malon

Ziel

Nach dem Rückfall in Selbstzweifel und dunkle Gefühle symbolisiert das »Gelb« der Sonne ein helleres Leben, das aber nur durch den Rückfall, nach der Erfahrung der Kälte, so wahrgenommen und geschätzt werden kann. Die Sehnsucht nach Leben wird verbunden mit der Hoffnung, das Leben neu in die Hand nehmen zu können. Das Märchen beschreibt die Suche nach Wärme und Licht und ihre Auswirkungen auf das neue Leben. Die Teilnehmer sollen ermuntert werden, für Lichtblicke im Alltag ein Gespür zu entwickeln, die ihnen helfen, die dunklen Stunden zu überstehen. Sie sollen darüber hinaus erkennen, daß auch in ihrer Situation helle Stunden möglich sind, die das Leben lebenswert machen.

Methoden

- Kurze Farbmeditation als thematischer Einstieg
- Stille Phase mit Musik
- Meditative Textbetrachtung in drei Teilen
- Einfühlübung
- Gesprächsrunde
- Mandala-Malen bei meditativer Hintergrundmusik

Vorbereitungen

- **für jedes Treffen:** siehe »Begleitende Maßnahmen«, Seite 16 f.

- **für dieses Treffen**
  - Großes Märchenbuch und große Kerze in die Tischmitte stellen
  - Tisch- oder Ziertücher in gelber Farbe
  - Zimmer so vorbereiten, daß es leicht verdunkelt werden kann
  - Sonnenbild inmitten des Tisches
  - Kerzen mit kleinen Kerzenständern in Anzahl der Teilnehmer in der Tischmitte auf das Sonnenbild stellen
  - Meditative Musik auswählen (Empfehlung: »Enya – The celts«)
  - Mandala in Anzahl der Teilnehmer kopieren
  - Farbstifte (Gelb, Rot, Orange) bereitlegen
  - Textblatt mit Geschichte »Wie die Sonne in das Land Malon

kam«, Gebet und illustrierendes Bild in entsprechender Anzahl kopieren
- Hinweis: Trauerkreiskerze nicht gleich zu Beginn anzünden!

Ablauf

1. Ankommensrunde

2. Thematischer Einstieg

Die bisherigen Treffen und ihre Farbfolge werden zusammenhängend skizziert. Der Symbolgehalt der Farbe »Gelb« wird erklärt und Assoziationen, die sie auslöst, werden angedeutet, um die Teilnehmer für die meditativen Phasen zu öffnen. Die Aufmerksamkeit der Teilnehmer wird auf die mit gelben Elementen geschmückte Tischmitte gelenkt, auf die sie sich innerlich einstellen sollen. Beschreibende Gedanken:

»Schwarz« ist die Farbe der Lähmung, »Violett« die Farbe der Verzweiflung und Trauer, aber auch der ersten neuen Bewegung. »Blau« symbolisiert die Sehnsucht nach etwas, das über und hinter dieser Welt von außen her wirkt. »Rot« als eher unruhige Farbe steht für das Aufbegehren, für auflebende Gefühle und für die Ungeduld, endlich wieder zu leben. »Braun« symbolisiert die Unterbrechung dieser Bewegung und bedeutet ein Innehalten, das neue Zweifel und Fragen über den bisherigen Weg aufkommen läßt. Als Farbe der Erde drückt sie aus, wieder »auf den Boden zurückgezogen« zu werden. Diese Phase wird als Stagnation oder sogar als Rückfall wahrgenommen, ist aber eine passiv-kreative Zwischenphase.
»Gelb« – die Farbe des heutigen Treffens – steht für Sonne, für Licht. Es ist die Symbolfarbe für Gesundheit, Lebenskraft und Energie. »Gelb« sind bestimmte Pflanzen und Früchte: Zitronen, Löwenzahn, die Rapsfelder im Mai. Solche Bilder wecken bei uns frühlingshafte und sommerliche Gefühle. Gelb ist damit die Farbe der Stärke, des Antriebs, der Aktivität, des Heranwachsens und der Gesundheit. In der Heilpsychologie wird die Farbe »Gelb« bei Depressionen und bei Melancholie eingesetzt; die Farbe von Johanniskraut, das unter anderem gegen Schwermut hilft, ist ebenfalls gelb. »Gelb« weckt Hunger und Sehnsucht nach Sonne und Wärme. Im Trauerprozeß steht »Gelb« für das Leben schlechthin, für eine frohe Grundeinstellung, für das Loslassen und damit für das neue Zulassen des Lebens.

3. Stille Phase mit meditativer Musik (etwa 5 Minuten)

Die Teilnehmer sollen die Gedanken und die Eindrücke aus der Betrachtung der gelbfarbenen Dekoration in sich weiterwirken lassen. (Empfehlung für die Musik: »Enya – The celts«)

4. Meditative Textbetrachtung: Wie die Sonne in das Land Malon kam[10], Teil 1

Das Märchen »Wie die Sonne in das Land Malon kam« wird nun in drei Abschnitten vorgelesen. Gesprächsrunden und Einfühlungsübungen unterbrechen die Abschnitte. Dieser Teil des Treffens hat den Sinn, die Assoziationen aus der Farbe »Gelb« aufzugreifen und zugleich emotional zu verstärken. Er soll hinführen und öffnen für die Wahrnehmung sonniger, wärmender und lichter Gedanken, Erinnerungen und Gefühle, die im Alltag helfen und heilend wirken können. Das Märchenbuch in der Tischmitte wird aufgeschlagen.

Malon heißt ein Land, das hinter hohen Bergen versteckt liegt. Die Sonne stieg niemals über die Bergspitzen. So war es in diesem Land immer Nacht, stockfinstere Nacht. Die Malonen, so hießen die Einwohner, trugen immer Windlichter mit sich herum, um etwas Helligkeit und einen Schimmer von Licht in ihrer Finsternis zu haben. Sie waren eigenartige Leute. Jeder wohnte allein in seinem Haus, das von einer hohen Mauer umgeben war. Kein Malone mochte den anderen leiden. Keiner war mit einem anderen befreundet. Einer mißtraute dem anderen.

Die Geschichte wird an dieser Stelle kommentarlos abgebrochen. Den Teilnehmern wird kurz erklärt, daß sie sich im folgenden darauf einlassen sollen, die Dunkelheit zu spüren. Das Licht wird ausgeschaltet, so daß es im Raum möglichst dunkel ist. Meditative Musik wird eingespielt.

5. Gesprächsrunde

Die Teilnehmer sollen ihre Empfindungen und Gedanken aus der Dunkelheitserfahrung und dem Märchen äußern. Die Musik wird langsam ausgeschaltet. Das Zimmer wird etwas erhellt. Kerzen sollten jedoch noch nicht angezündet werden. Impulsfragen für die Gesprächsrunde:

Wie habe ich mich in der Dunkelheit gefühlt?
Welche Erinnerungen und Eindrücke sind mir gekommen?
Kam in mir der Gedanke an »Sonne« und an »Gelb« auf?
Hat er in mir gewirkt?

6. Meditative Textbetrachtung, Teil 2

Das Zimmer wird wieder verdunkelt. (Zum Lesen muß genügend Licht vorhanden sein.) Die Trauerkreiskerze in der Tischmitte wird angezündet.

Eines Tages kam ein Wanderer nach Malon, in das Land hinter den hohen Bergen. Das Gesicht des Fremden war hell und freundlich. Seine Augen leuchteten. Die Malonen waren verwundert. Keiner von ihnen konnte sich erinnern, daß jemals ein Fremder zu ihnen gekommen war. Auch der Wanderer war erstaunt über das seltsame

Land, in dem der Tag so finster war wie die Nacht. »Wo ist die Sonne?« fragte der Fremde. »Die Sonne? Was ist das? Wir haben noch nie etwas davon gehört«, antworteten ihm die Malonen. Allein ein uralter Malone erinnerte sich, vor langer Zeit etwas von einer großen Himmelsleuchte gehört zu haben, und er bat den Wanderer: »Erzähle uns etwas davon!« Da begann der Wanderer zu erzählen. »Die Sonne«, sprach er, »ist eine helle, gelbe Scheibe. Jeden Morgen steigt sie am Himmel auf. Zuerst leuchtet sie rot. Dann wird sie gelb. Wenn sie hoch am Himmel steht, strahlt sie wie Gold und schickt Licht und Wärme auf die Erde. Ihre wärmenden Strahlen wecken die Vögel in den Nestern. Singend und jubilierend begrüßen sie den neuen Tag und sein helles Licht. Im Licht der Sonne öffnen sich die Knospen der Sträucher und Bäume. Die Blüten lassen ihren süßen Duft verströmen. Die Sonne lockt das grüne Gras aus dem Boden. Die Blumen öffnen ihre Blütenkelche. Die Sonnenblume dreht ihr Gesicht der Sonne zu. Die Jungen und Mädchen reiben sich in der Morgensonne den Schlaf aus den Augen und rufen: Heute scheint die Sonne! Gott sei Dank! Sie lassen die warmen Sonnenstrahlen auf ihre Haut scheinen und springen voll Freude im Freien umher.« Die Malonen kamen aus ihren Häusern, setzten sich rund um den Tisch, an dem der Wanderer saß, und lauschten seinen Geschichten, horchten und staunten. Und in ihren Herzen wuchs eine große Sehnsucht nach dem Licht der Sonne, nach ihrer Helligkeit und Wärme.

Die Musik wird eingespielt. Die Kerzen in der Tischmitte werden angezündet. Jeder Teilnehmer erhält eine Kerze. Die Teilnehmer werden eingeladen, die Augen zu schließen und die brennende Kerze so nahe an das Gesicht heranzuführen, daß sie etwas Wärme spüren können.

7. Gesprächsrunde

Die Empfindungen aus der Geschichte und der Einfühlungsübung sollen wieder zur Sprache kommen. Diesmal geht es um den Unterschied zwischen Dunkelheits- und Helligkeitswahrnehmung. Impulsfragen:

Habe ich einen Unterschied zur Dunkelheit gespürt?
Wie hat dieser Unterschied auf mich gewirkt?
Hat der Übergang von der Dunkelheit zur Helligkeit der Kerzen in mir etwas ausgelöst?
Wie fühle ich mich im Augenblick?

8. Meditative Textbetrachtung, Teil 3

Eines Tages nun mußte der Wanderer weiterziehen. Er war lange genug in Malon gewesen. Er sagte: »Wenn man von der Sonne erzählt, muß man sie immer wieder sehen, sonst wird ihr Bild in einem schwach. Es verblaßt.« Dann verabschiedete er sich und zog weiter. Die Malonen waren sehr traurig, daß ihnen niemand mehr von der Sonne erzählte. Was sollten sie jetzt tun? Sollten sie wieder in ihre Häuser zurückkehren? Sollte jeder hinter seiner hohen Mauer verschwinden? Nein, das wollten sie nun nicht mehr. Das hätte sie wieder einsam gemacht. Sie hatten erfahren, daß es schöner ist, beisammen zu sein, miteinander zu reden und zu essen und einander zu helfen. Sie stellten auch fest, daß ihre vielen Windlichter gemeinsam mehr Schein ergaben als nur eines allein. So blieben sie zusammen und arbeiteten und lebten miteinander. Jeden Morgen aber zogen sie aus ihrer Stadt auf einen Hügel und riefen gemeinsam: »Sonne, liebe Sonne fein, komm mit deinem Sonnenschein, komm in unser Haus hinein, Sonne, liebe Sonne!« Da geschah eines Tages das Wunder. Es wurde hell und heller. Hinter den Bergen stieg strahlend schön die Sonne empor. Sie leuchtete zunächst rot. Dann wurde sie gelb. Als sie ganz hoch am Himmel stand, glänzte sie wie pures Gold. Voller Freude riefen die Malonen: »Schaut, jetzt ist sie da! Das muß die Sonne sein, das Licht, auf das wir so lange gewartet haben!« Die Malonen streckten ihre Arme und Hände der Sonne entgegen. Sie sangen und tanzten vor Freude. Endlich war es auch bei ihnen hell und warm geworden.

Die Musik wird wieder eingespielt. Die Teilnehmer stellen ihre Kerzen in die Tischmitte, wo sie gemeinsam eine Lichtfläche bilden. Die Teilnehmer lauschen still der Musik.

9. Mandala-Malen[11] (etwa 10 Minuten)

Die vorhandenen Empfindungen aus der Geschichte und der anschließenden Stille sollen weiterwirken und zum Ausdruck gebracht werden. Als kreative Hilfe dazu dient das Ausmalen des Mandalas mit den gelben, orangen und roten Holzfarben.
Das Zimmer wird erhellt. Die Musik läuft im Hintergrund weiter. Das Mandala wird verteilt und mit wenigen Worten beschrieben. In Stille malen die Teilnehmer anschließend das Mandala aus.

10. Gesprächsrunde

Die abschließende Gesprächsrunde soll nochmals die Gelegenheit dazu bieten, Gefühle und Empfindungen zu thematisieren. Ihr Schwerpunkt liegt auf der Wahrnehmung »heller« Momente im Alltag, die froh stimmen und Kraft geben können. Impulsfragen:

Wie fühle ich mich jetzt?
Wie geht es mir im Vergleich zur Zeit des vergangenen Treffens?
Habe ich das Gefühl, daß meine Situation »heller« geworden ist?
Was weckt in mir »helle und lichte« Gefühle?
Was bedeutet mir heute das Zusammensein mit anderen Menschen im Vergleich zu früher?

11. Schlußgebet[12]

Licht und Sonne als Bild für Hoffnung sollen in einem Gebet zusammengefaßt und auf eine spirituelle und religiöse Ebene gehoben werden. Das Textblatt mit dem Märchen und dem Gebet wird den Teilnehmern zusammen mit den Kerzen und den Mandalas mit nach Hause gegeben

Gott, du durchdringst alles.
Laß dein mildes Licht, Vater,
berühren mein Gesicht.
Wie die Blumen nach Kälte und Nacht
sich am Tag entfalten
und der Sonne stillehalten,
laß ebenso, still und froh
deine Strahlen mich erfassen
und als Wärme wirken lassen.

Erfahrungsbericht

Für dieses Treffen muß etwas mehr Zeit als sonst eingeplant werden. Das Märchen bietet einen geeigneten Rahmen, um Inhalte und Stationen des bisherigen gesamten Trauerkreises (Dunkelheit – Lähmung; Helligkeit – Aufbruch; Licht – Leben) noch einmal nachzuvollziehen. Das Märchen und die Farbe »Gelb« wirken auf die Teilnehmer äußerst intensiv und positiv. Durch die Unterbrechungen mit ihren rituell wirkenden Handlungen werden die Empfindungen und Gefühle verstärkt und der Austausch darüber strukturiert.
Die Methodik und die Inhalte dieses Treffens haben insgesamt eine entspannende und positiv stimmende Wirkung auf die Teilnehmer. Als eindrucksvoll wird der Dunkel-Hell-Kontrast in den Einfühlungsübungen wahrgenommen. Er kann zur spürbaren Überwindung der Angst vor der Dunkelheit beitragen und bei manchen Teilnehmern sogar das konkrete Gefühl auslösen, »nicht allein zu sein«.

Siebtes Treffen: Grün und das Märchen von der anderen Brücke

Ziel

»Grün« steht am Ende des Trauerkreises. Die Farbe ist ein Symbol für Hoffnung und für Kraft, die aus der Mitte erwächst. Das Gefühl für die Kraft zum Leben aus der Mitte soll bei den Teilnehmern gestärkt werden und zur weiteren Bewältigung der Trauer im Alltag helfen. Die Farbe »Grün« liegt zugleich in der Mitte des Regenbogens. Auch der Regenbogen ist ein Zeichen der Hoffnung. Für Trauernde kann er zum Symbol einer Brücke werden, die von der dunklen Nacht in den hellen Morgen führt.

Methoden

- Kurze Farbmeditation als thematischer Einstieg
- Stille Phase mit Musik
- Phantasiereise
- Farbmeditation mit Farbkärtchen
- Gesprächsrunde
- Textbetrachtung
- Schlußreflexion

Vorbereitungen

- **für jedes Treffen:** siehe »Begleitende Maßnahmen«, Seite 16 f.

- **für dieses Treffen:**
  - Großes Märchenbuch und große Kerze in die Tischmitte stellen
  - Tisch- oder Ziertücher in grüner Farbe
  - Einzelne bunte Tücher auf den Tischen bereitlegen
  - Blätter in den Farben der bisherigen Treffen (schwarz, violett, blau, rot, braun, gelb) aufeinanderfolgend an der Wand befestigen
  - Farbblätter an der Wand mit grünem Tuch abdecken
  - Farbkärtchen in den obengenannten Farben in jeweiliger Anzahl der Teilnehmer auf dem Tisch bereitlegen
  - Meditative Musik (Empfehlung: »Renaissance of the Celtic Harp« von Alan Stivell) auswählen
  - Textblatt mit Geschichte »Die andere Brücke«, Schlußgebet und illustrierendem Bild in Anzahl der Teilnehmer vorbereiten

- Wenn möglich: Regenbogenanstecker in Anzahl der Teilnehmer bereithalten (in christlichen Buchläden erhältlich)
- Teilnehmerliste in entsprechender Anzahl kopieren

Ablauf

1. Ankommensrunde

2. Thematischer Einstieg

Die bisherigen Treffen und ihre Farbfolge werden abschließend noch einmal im Zusammenhang dargestellt. Hintergrund, Aussagekraft und Wirkung der Farbe »Grün« und die Verbindung mit dem Symbol des Regenbogens werden erklärt, um die Teilnehmer für diesen Wirkungs- und Sinngehalt zu öffnen. Die Aufmerksamkeit der Teilnehmer wird auf die mit den grünen Elementen gestaltete Tischmitte gelenkt. Gedanken:

Nach »Schwarz«, der Farbe der Lähmung, »Violett«, der Farbe der Trauer und ersten Bewegung, sowie »Blau«, der Farbe der Sehnsucht nach der unsichtbaren Welt, hatten wir das unruhige »Rot« als Farbe des Aufbegehrens, der auflebenden Gefühle und der Ungeduld kennengelernt. »Braun« symbolisierte dann eine Unterbrechung dieses Gefühls des Auflebens und stand für neue Zweifel und Fragen, ehe »Gelb« als Farbe des Lichts, der Sonne und der Energie die Sehnsucht nach Wärme und Helligkeit und damit die Hoffnung neu weckte.

Die Farbe »Grün« haben wir bis zuletzt aufgehoben. »Grün« ist eine Farbe, die eine erfrischende und zugleich beruhigende Wirkung hat. So können sich zum Beispiel durch Licht geblendete Augen durch den Blick auf eine grüne Fläche wieder erholen. »Grün« steht für Wachstum und Entwicklung, ebenso für Schutz. Blattgrün (Chlorophyll) wandelt das Sonnenlicht in Energie, Sauerstoff und damit Lebenskraft. Die Mystikerin Hildegard von Bingen nennt die Seele die »grüne Kraft des Leibes«. Ihre Weisungen beruhen auf der »Lehre der Grünkraft«. Im Zürcher Frauenmünster umgibt den auferstandenen Christus eine grüne Gloriole: Die Kräfte des Kosmos werden zu einem neuen Himmel und zu einer neuen Erde zusammengefaßt. Im grünen Wald vererdeten die Germanen ihre Götter. In der heutigen Großstadt verursacht der Mangel an »Grün« Aggressionen und Lebensunlust.
Es gibt ein Land, das »die grüne Insel« genannt wird: Irland. Die Farbe »Grün« überzieht es in verschiedensten Nuancen. Für Irland ist neben der Farbe »Grün« aber noch etwas anderes charakteristisch: der Regenbogen, der häufig aus dem Grün »herauswächst«. »Grün«, selbst ein Teil des Regenbogens, ist ja nach Goethe die Mitte des Farbspektrums im Regenbogen.

(Das grüne Tuch an der Wand wird entfernt, so daß die farbigen Kartons wie ein Regenbogen sichtbar werden.)

3. Stille Phase mit Musik (etwa 5 Minuten)

Die Teilnehmer betrachten still die Farben an der Wand. Dazu spielt meditative Musik (»Keltische Harfe« von Alan Stivell).

4. Phantasiereise

Die Phantasiereise soll die Teilnehmer emotional auf das Thema »Regenbogen« einstellen und dadurch Gefühle und Assoziationen wecken helfen, auf die im späteren Gespräch zurückgegriffen wird. Der Übergang von der Lähmung in der Dunkelheit zur Hoffnung in der Helligkeit findet in der Phantasiereise seinen symbolischen Überbau und Höhepunkt im Bild des Regenbogens. Die Phantasiereise wird langsam und mit Pausen vorgetragen. Die Musik läuft im Hintergrund weiter:

Wir sehen in unserer Mitte viele bunte Tücher und bunte Kärtchen. Alle Farben des Regenbogens sind darin abgebildet. Wir wollen heute diese Farben auch in uns entdecken und eine kleine Phantasiereise zum Regenbogen machen. Bitte setzen Sie sich bequem hin und schließen Sie Ihre Augen. Lassen Sie Ihren Atem kommen und gehen, wie er kommen und gehen will. Langsam und stetig stellen Sie nun ihre Sinne auf ihre Innenwelt ein.
Stellen Sie sich vor, Sie sind unterwegs auf einer großen Wanderung in den Bergen. Es ist herrliches Wetter, Sonnenschein, Wärme. Sie genießen die wunderbare Landschaft, den Blick in die Weite. Sie erinnern sich an schöne Zeiten.

(Pause)

Doch langsam verdunkelt sich der Himmel, ein Gewitter zieht herauf. Ein eisiger Wind fegt um Sie herum, es fängt zu regnen an. Wo eben noch Freude und Glück waren, da spüren Sie Angst und das Gefühl, ausgeliefert zu sein.

(Pause)

In diese Stimmung hinein hören Sie ein Gedicht:
«Das Dunkle hat dir Angst gemacht?
Ein Traum vielleicht, ein Schrei?
Du wartest, daß der Tag beginnt,
die Nacht geht nicht vorbei?
Du weißt nicht, was dir helfen kann,
weißt nicht mehr ein noch aus?
Dann trau dich
mit dem Mut des Tänzers
auf dem Seil hinaus!

Dann geh mit deiner dunklen Angst
auf Gottes Regenbogen.

Geliebtes zu verlieren schmerzt,
dein Herz ist wund und schwer
Wo etwas da war für dein Glück,
dort ist jetzt alles leer.
Du denkst, daß du es nie verschmerzt,
weißt nicht mehr ein noch aus?
Dann trau dich mit dem Mut des Tänzers
auf dem Seil hinaus.
Dann trage deine Traurigkeit
auf Gottes Regenbogen.«

(Pause)

Das Gewitter hat aufgehört, es regnet nur noch wenig. Plötzlich entdecken Sie einen hellen Streifen am Himmel, ein wenig Blau schaut durch die graue Wolkendecke hindurch.
Während Sie hoffnungsvoll auf das Blau schauen, sehen Sie einen Regenbogen: In leuchtenden Farben spannt er sich vor Ihnen wie eine Brücke aus. Unter dem Regenbogen ist es klar und blau. Der Regenbogen zeigt Ihnen das Ende der Dunkelheit und des Regens an. Er macht Ihnen Mut, auf die Sonne zu warten. Er weckt in Ihnen das Gefühl, daß eine ausweglose Situation überwunden werden kann.

(Pause)

Genießen Sie es, auf den Regenbogen zu schauen. Spüren Sie dabei das Gefühl, das ein Seiltänzer hat, der sich von seinem Seil getragen weiß. Während Sie sich an den herrlichen Farben des Regenbogens erfreuen, wird es um Sie herum heller und freundlicher. Sie wissen nun, daß Sie mit diesem Gefühl in Ihrer Seele Ihren Weg fortsetzen können. Der Regenbogen geht in Ihrem Inneren mit.

(Pause)

Nun dürfen Sie langsam hierher an den Ort unseres Zusammenseins zurückkommen. Dehnen und strecken Sie sich ein wenig, öffnen Sie langsam die Augen und seien Sie wieder hier, erfrischt und erholt.

(Die Musik wird ausgeschaltet.)

5. Farbmeditation mit Farbkärtchen

Diese kurze Farbmeditation soll die Eindrücke aus der Phantasiereise aufgreifen. Die Teilnehmer sollen damit für die Reflexion über den Trauerkreis und die Gefühle und Erkenntnisse, die während dieser Zeit entstanden sind und nach wie vor im Raum stehen, offen werden. Die Teilnehmer sollen in Stille die bunten Kärtchen in der Tischmitte betrachten. Anschließend kann jeder Teilnehmer ein oder zwei dieser Kärtchen aus der Mitte herausnehmen. Dabei hilft als Impuls die Frage: Welche Farbe des Trauerkreises hat mich am meisten angesprochen? Zur Untermalung kann die Hintergrundmusik wieder angestellt werden.

6. Gesprächsrunde

Warum habe ich diese Farbe ausgewählt?
Was drückt sie für mich aus?
Welche Gefühle weckt sie in mir?
Wie geht es mir heute im Vergleich zum Beginn des Trauerkreises?
Hat die Phantasiereise in mir etwas ausgelöst, über das ich sprechen möchte?
Welche Wirkung hat die Farbe »Grün« auf mich?
Wie wirkt das Symbol des Regenbogens auf mich?
Welche Farbe drückt meinen derzeitigen Zustand am besten aus?
Was bleibt für mich ungelöst in diesem Trauerkreis zurück?
Was nehme ich mit?
Was macht mir Hoffnung für meinen weiteren Weg?

7. Das Märchen »Die andere Brücke«[13]

Der Regenbogen als Symbol für eine Brücke von der Dunkelheit in das Licht und von der Traurigkeit in die Freude wird aufgegriffen und gleichzeitig auf eine transzendente Ebene gehoben: der Regenbogen als Zeichen der Hoffnung, die stets weiterreicht. – Das Märchenbuch in der Tischmitte wird aufgeschlagen.

»Du hast einen schönen Beruf«, sagte das Kind zum alten Brückenbauer, »aber es muß sehr schwer sein, Brücken zu bauen.« »Wenn man es gelernt hat, ist es leicht«, sagte der alte Brückenbauer, »es ist leicht, Brücken aus Beton und Stahl zu bauen. Die anderen Brücken sind sehr viel schwieriger. Die baue ich in meinen Träumen.« »Welche anderen Brücken?« fragte das Kind. Der alte Brückenbauer sah das Kind an. Er wußte nicht, ob es verstehen würde. Dann sagte er: »Ich möchte eine Brücke bauen von der Gegenwart in die Zukunft. Ich möchte eine Brücke bauen von einem zum anderen Menschen, von der Dunkelheit in das Licht, von der Traurigkeit zur Freude. Ich möchte eine Brücke bauen von der Zeit in die Ewigkeit über alles Vergängliche hinweg.« Das Kind hatte aufmerksam zugehört. Es hatte nicht alles verstanden, spürte aber, daß der alte Brückenbauer traurig war. Weil es ihn wieder froh machen wollte, sagte es: »Ich schenke dir meine Brücke.« Und das Kind malte für den Brückenbauer einen Regenbogen.

Meditative Musik wird eingespielt.

8. Schlußbetrachtung mit Gebet[14]

Das Gebet aus der Meditation soll als Schlußgebet für die Teilnehmer den Trauerkreis zusammenfassen. Es soll ihnen helfen, sich zuhause an den Trauerkreis, besonders an das Hoffnungsbild des Regenbogens und die mit ihm assoziierten Gefühle und Gedanken zu erinnern. Das Gebet wird abschließend vorgelesen. Die Teilnehmer erhalten ein Textblatt mit dem Gebet, der Geschichte, dem Bild sowie einen Regenbogenanstecker. Ebenso wird eine Teilnehmerliste verteilt.

»Das Dunkle hat dir Angst gemacht?
Ein Traum vielleicht, ein Schrei?
Du wartest, daß der Tag beginnt,
die Nacht geht nicht vorbei?
Du weißt nicht, was dir helfen kann,
weißt nicht mehr ein noch aus?
Dann trau dich

mit dem Mut des Tänzers
auf dem Seil hinaus!
Dann geh mit deiner dunklen Angst
auf Gottes Regenbogen.
Geliebtes zu verlieren schmerzt,
dein Herz ist wund und schwer
Wo etwas da war für dein Glück,
dort ist jetzt alles leer.
Du denkst, daß du es nie verschmerzt,
weißt nicht mehr ein noch aus?
Dann trau dich mit dem Mut des Tänzers
auf dem Seil hinaus.
Dann trage deine Traurigkeit
auf Gottes Regenbogen.«

Erfahrungsbericht

Auch hier spricht die Phantasiereise die Teilnehmer stark an: Das Gefühl der Angst wird bei einigen erneut geweckt und sogar verstärkt. Die Vorstellung des Regenbogens hilft dabei, die Stimmung aufzuhellen und das Gefühl von Licht und Wärme und damit Hoffnung zu wecken. Das Bild des Regenbogens als Symbol für eine Brücke entwickelt sich bei manchen Teilnehmern während der Phantasiereise auch zur Brücke zum verstorbenen Menschen, der auf diese Weise plötzlich als nahe empfunden wird – ein wehmütig-frohes Gefühl. Auch Erinnerungen an glückliche Momente aus Kindheit und Jugend kommen auf und werden als angenehme Gefühle in die Gesprächsrunde mit hineingetragen. Für viele Teilnehmer ist durch den Trauerkreis klar geworden, daß sie weinen und Trauer zeigen dürfen. Allein diese Erkenntnis vermittelt einigen ein ganz neues Gefühl der Selbstsicherheit.

Anmerkungen

Worum es in diesem Buch geht

[1] Meurer, Thomas: Die Umarmung. In: Themenhefte Gemeindearbeit, Nr. 35 (Ist einer unter Euch gestorben), 3. Quartal 1998, 40.
[2] Canacakis, Jorgos: Ich sehe deine Tränen 29.
[3] Vgl. hier die Erfahrungen von Reinhard Tausch, Wegbereiter der Gesprächspsychotherapie in Deutschland, aus dem Umgang mit dem Sterben und dem Tod seiner Frau: »Es war eine fundamentale Lebenserfahrung für mich. Ich habe Leben anders verstehen gelernt und habe meine Möglichkeiten, sinnvoll und erfüllt zu leben, erweitern können. Es hat mich motiviert, mehr über das eigene Leben nachzudenken, über den Sinn meines Lebens. Ich ahne, wie kostbar die noch verbleibende Zeit für mich ist, wie lang oder kurz auch immer. Ich versuche, jeden Tag so einzurichten, daß er mir lebenswert erscheint. Ich habe erfahren, daß das Befassen mit dem Sterben ein Sich-Befassen mit dem Leben ist.« (Tausch A.-M./Tausch R., Sanftes Sterben, 352).

Vorbemerkungen und Grundsätzliches zum Trauerkreis

[1] Vgl. Kast, Verena: Trauern. Phasen und Chancen, 59–78.
[2] Konrad Baumgartner faßt die Punkte zwei bis vier als »regressive Phase« zusammen. Siehe: Baumgartner, K.: In existentiellen Verlustsituationen. In: Baumgartner K./Müller W.: Beraten und Begleiten, 235.
[3] Hier wie auch im folgenden: vgl. Ehrlich, M./Vopel, K.W., Phantasiereisen, 7–11 sowie Vopel K. W.: Höher als die Berge, 9–14.
[4] Vgl. Grün, Anselm: Geborgenheit finden – Rituale feiern, 31–43.
[5] Diese solidarische Hilfestellung hilft einem Trauernden auf seinem Wege wiederum selbst. Vgl. hierzu auch: Abeln, R./Kner, A.: Such dir einen Einsamen.

Trauerkreis »Weg«

[1] Siehe Raach, Karl-Heinz: Lebenswege. 20 Postkarten, Freiburg i. Br. (Herder), 1997.
[2] Nach: Böschemeyer, Uwe: Vergangenes Leben sein lassen, 2 und Müller, Peter: Wer aufbricht, kommt auch heim, 35–36.
[3] Entnommen aus: Berg. Sigrid: Biblische Bilder und Symbole, 194.
[4] Entnommen aus: Spuren auf der Suche nach Gott, 17.
[5] Nach Hoffsümmer. Willi, Kurzgeschichten 1, 56 f.
[6] Nach Betz, Otto und Felicitas. In: Feige, Joachim (Hrsg.): Wege entdecken, 40.
[7] Dörig, Bruno: Schenk dir ein Mandala 3, 19.
[8] Nach Hoffsümmer, Willi, Kurzgeschichten 1, 26.

Trauerkreis »Baum«

[1] Leicht verändert entnommen aus: Berg, Sigrid: Biblische Bilder, 135f
[2] Von Cornelius Bohl, frei nach einer Idee von O'Henry.
[3] Berg Sigrid: Biblische Bilder, 144.
[4] Berg Sigrid: Biblische Bilder, 129–130.
[5] Wolf, Doris: Einen geliebten Menschen verlieren o.A.
[6] Nach: Lothar Zenetti: Die wunderbare Zeitvermehrung. München 1979, o.A.
[7] Eigener Text.
[8] Nach: Martin Buber , o.A.
[9] Gotteslob, Kath. Gebet- und Gesangbuch, Nr. 132.

[10] Geschichte frei nach Alexander Solschenizyn.
[11] Dörig, Bruno: Schenk dir ein Mandala 2, 6.
[12] Schriftlich fixiert nach einer Hörgeschichte auf der MC: Katharina und der Reisegeist, Caritas-Verlag 1997.

Trauerkreis »Haus«

[1] Eigene Erzählung.
[2] Gina Ruck-Pauquet. In: Bihler, E.: Symbole 3, 82.
[3] Eigener Text.
[4] Verändert entnommen aus: Ich habe meinen Bogen, 56.
[5] Entnommen der Einheitsübersetzung der Heiligen Schrift 1980, © 1995 Katholische Bibelanstalt, Stuttgart.
[6] Aus: Märchen der Gebrüder Grimm.
[7] Quelle und Verfasser unbekannt.
[8] Aus: Leiter, K. E.: Ach wie gut, daß jemand weiß, 73–74; von den Autoren veränderte Fassung.

Trauerkreis »Farben und Märchen«

[1] Quelle und Verfasser unbekannt.
[2] Nach einem Märchen der Gebrüder Grimm.
[3] Dörig, Bruno: Schenk dir ein Mandala 3, 9.
[4] Nach Manfred Kyber, in: Bihler, E.: Symbole 1, 155 f.
[5] Bihler, E.: Symbole 1, 163f.
[6] Entnommen der Einheitsübersetzung der Heiligen Schrift 1980, © 1995 Katholische Bibelanstalt, Stuttgart.
[7] Felix Salten, aus: Exodus 4, S. 117.
[8] Dörig, Bruno: Schenk dir ein Mandala 3, 11.
[9] Neysters, Peter: Denn sie werden getröstet werden, 84.
[10] Mühlberger, Christine, in: Bihler, E.: Symbole 1, 59 ff.
[11] Blechschmidt, Meinulf: Heute noch muß ich 2.
[12] Nach Gerhard Tersteegen.
[13] Steinwart, Anne, in: Bihler, E.: Symbole 2, 136f
[14] Aus: Berg, Sigrid: Biblische Bilder 158.

Literatur

Abeln, Reinhard / Kner, Anton: Such dir einen Einsamen. Münsterschwarzach 1988.
Baumgartner: Konrad: In existentiellen Verlustsituationen. In: Baumgartner, K./Müller,W.: Beraten und Begleiten, 232–240.
Berg, Sigrid: Biblische Bilder und Symbole erfahren. Ein Material- und Arbeitsbuch. München-Stuttgart 1996.
Bihler, Elsbeth: Symbole des Lebens – Symbole des Glaubens 1–3. Limburg 1995, 6. Auflage.
Blechschmidt, Meinulf: Heute noch muß ich in deinem Haus zu Gast sein. Landshut 1989.
Böschemeyer, Uwe: Vergangenes Leben sein lassen. Lahr/Schwarzwald, SKV-Edition 1992.
Bours, Johannes / Kamphaus, Franz: Leidenschaft für Gott. Freiburg i. Br. 1981.
Canacakis, Jorgos: Ich sehe deine Tränen. Trauern, Klagen, Leben können. Stuttgart 1987.
Die Kinder- und Hausmärchen der Gebrüder Grimm (mit Bildern von Werner Klemke). Berlin 1996, 24.Auflage. Die Märchen der Gebrüder Grimm. Augsburg 1991, 18.Auflage.
Ehrlich, Miriam/Vopel, Klaus W.: Phantasiereisen 3, in: Wege des Staunens. Übungen für die rechte Hemisphäre. Salzhausen 1996, 4.Auflage.
Feige, Joachim (Hrsg.): Wege entdecken. Biblische Texte, Gebete und Betrachtungen. Stuttgart 1980.
Gotteslob. Kath. Gebet- und Gesangbuch, hrsg. von den Bischöfen Deutschlands und Österreichs und der Bistümer Bozen-Brixen und Lüttich. München 1975.
Grün, Anselm: Geborgenheit finden – Rituale feiern. Wege zu mehr Lebensfreude. Stuttgart 1997.
Hoffsümmer, Willi: Kurzgeschichten 1–3. Mainz 1992, 13.Auflage.
Kast, Verena: Trauern. Phasen und Chancen des psychischen Prozesses. Stuttgart 1984, 4. Auflage.
Leiter, Karin E.: Ach wie gut, daß jemand weiß... Trauerbegleitung mit Märchen. Innsbruck-Wien 1996.
Müller, Peter: Wer aufbricht, kommt auch heim. Vom Unterwegssein auf dem Jakobsweg. Eschbach/Markgräflerland 1996, 2. Auflage.
Naegeli, Sabine: Die Nacht ist voller Sterne. Gebete in dunklen Stunden. Freiburg i. Br., 1995, 10. Auflage.
Neysters, Peter/Schmitt, Karl Heinz: Denn sie werden getröstet werden. Das Hausbuch zu Leid und Trauer, Sterben und Tod. München 1993.
Raach, Karl-Heinz: Lebensbäume. 20 Postkarten. Freiburg i. Br. (Herder), 1997.
Raach Karl-Heinz: Lebenswege. 20 Postkarten. Freiburg i. Br. (Herder), 1997.
Riedel, Ingrid: Farben in Religion, Gesellschaft, Kunst und Psychotherapie. Stuttgart 1983.
Saint-Exupéry, Antoine de: Der Kleine Prinz. Düsseldorf 1998, 52. Auflage.
Spuren auf der Suche nach Gott. Verband Katholischer Pfadfinderinnen und Pfadfinder. Zürich 1994, 7.Auflage.
Tausch, Anne-Marie/Tausch, Reinhard: Sanftes Sterben. Was der Tod für das Leben bedeutet. Hamburg 1991.
Themenhefte Gemeindearbeit, Nr. 35. Darin: Ist einer unter Euch gestorben... Die Sorge um Verstorbene und ihre Angehörigen in der Gemeinde. Aachen, 3.Quartal 1998.
Vopel, Klaus W.: Höher als die Berge, tiefer als das Meer. Phantasiereisen für Neugierige. Salzhausen 1995, 2. Auflage.
Wolf, Doris: Einen geliebten Menschen verlieren. PAL-Verlag, o. A.
Waller, Friederike (Hrsg.): Alles ist nur Übergang. Gedichte und Texte über das Sterben. Frankfurt a. M. 1991.
Zenetti, Lothar: Die wunderbare Zeitvermehrung. München 1979.